1元花卉水印（兰花）　5元花卉水印（梅花）　10元花卉水印（月季）　20元花卉　元人像水印

图6-1 人民币水印

面额：	5元	10元	20元	50元	100元
字样：	￥5	￥10	￥20	￥50	￥100

图6-2 人民币安全线

50元 光变油墨印刷　100元 光变油墨印刷

图6-3 人民币光变油墨

图6-4 人民币纸币的阴阳互补对印图

5元微缩文字　10元微缩文字　20元微缩文字　50元微缩文字　100元微缩文字

图6-5 人民币微缩文字

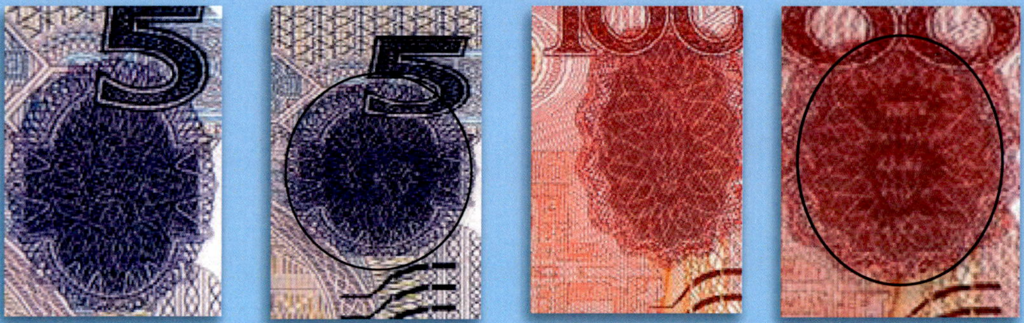

晃动前　晃动后　晃动前　晃动后

图6-6 人民币隐形面额数字

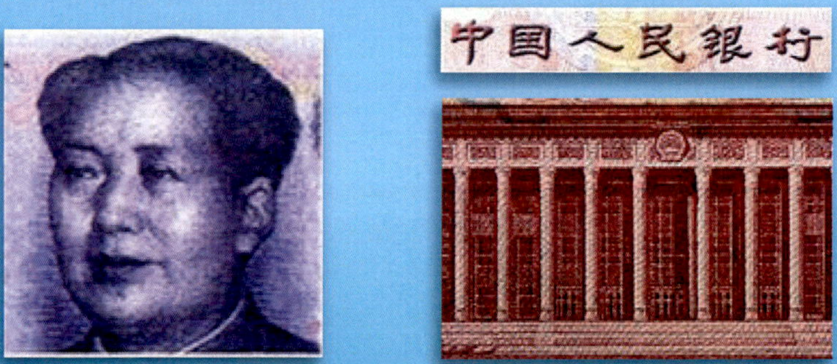

图6-7 人民币雕刻凹版印刷

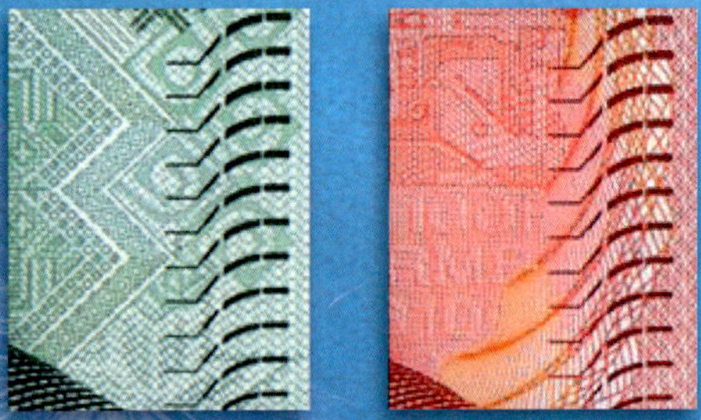

50元凹印手感线　100元凹印手感线

图6-8 人民币凹印手感线

图6-9 人民币无色荧光油墨

图6-10 香港上海汇丰银行20元券

图6-11 香港上海汇丰银行50元券

图6-12 香港上海汇丰银行100元券

职业教育财经商贸类专业教学用书

收银实务（第2版）

宋 锐 彭燕玲 刘 娅 主编

電子工業出版社
Publishing House of Electronics Industry
北京·BEIJING

内 容 简 介

本书主要内容包括收银基础知识、商业企业与商品知识、票款结算知识、收银机知识和顾客服务。本书突出以就业为导向，以能力为核心，以国家收银员职业标准为基本依据，摒弃“繁、难、偏、旧”的内容，方便学生学习和掌握。本书将学生应掌握的各项技能分为若干模块，教学中可根据学生和学校教学的具体情况，结合收银职业岗位群的实际需要，选择与之对应的模块组织教学，不单纯强调学科体系的完整。在教学方式上突出学生岗位能力的培养，在“做中学、做中教”，力求使学生在快乐中学习。

本书可作为职业教育财经商贸类专业的教学用书，也可作为财经商贸类专业的在职培训用书。

本书配有电子教学参考资料包，包括电子课件、电子模拟试题、教学指南、习题答案（电子版）等，详见前言。

图书在版编目（CIP）数据

收银实务 / 宋锐，彭燕玲，刘娅主编. —2 版. —北京：电子工业出版社，2017.4

ISBN 978-7-121-31157-4

Ⅰ. ①收… Ⅱ. ①宋… ②彭… ③刘… Ⅲ. ①商业服务－职业教育－教材 Ⅳ. ①F718

中国版本图书馆 CIP 数据核字（2017）第 060445 号

策划编辑：徐　玲
责任编辑：王凌燕
印　　刷：北京虎彩文化传播有限公司
装　　订：北京虎彩文化传播有限公司
出版发行：电子工业出版社
　　　　　北京市海淀区万寿路 173 信箱　　邮编 100036
开　　本：787×1 092　1/16　印张：8.5　字数：224 千字　彩插：2
版　　次：2011 年 5 月第 1 版
　　　　　2017 年 4 月第 2 版
印　　次：2021 年 12 月第 8 次印刷
定　　价：25.00 元

凡所购买电子工业出版社图书有缺损问题，请向购买书店调换。若书店售缺，请与本社发行部联系，联系及邮购电话：（010）88254888，88258888。

质量投诉请发邮件至 zlts@phei.com.cn，盗版侵权举报请发邮件至 dbqq@phei.com.cn。

本书咨询联系方式：xuling@phei.com.cn。

前　言

收银员工作是随着现代零售业的发展和现代化收银手段的应用而快速发展起来的一个新的职业岗位群。

近年来，随着国民经济的高速发展，人民的生活水平快速提高，超级市场、零售商店业发展迅猛，呈现出欣欣向荣的繁荣局面，涌现出许多国际、国内知名的品牌超市企业。与此同时，一些国际零售业巨头，如家乐福、沃尔玛、易初莲花、万客隆、麦德龙等也纷至沓来，在我国各地开设连锁超市。不仅如此，在旅游、酒店、餐饮等服务行业，也开始广泛使用收银机，因此，收银员岗位的人才需求快速增长，收银员是职业院校学生就业的一条新渠道。

收银机的广泛应用，为超市经营提供了新的商机。收银机通过对顾客购买信息的录入，正确地计算出该笔交易额并显示出应收款、实收款、找零等信息，提高了收银速度，特别是商品条形码的技术应用使收银速度提高了数倍，提高了经营效率。在服务行业，顾客的各种消费信息也能快速反馈到管理机构，大大提高了经营效益。

值得注意的是，移动扫描收银开始迅猛发展。2016 年的 11 月 11 日，我国电子商务的交易总额破千亿元。另一个数据让人眼前一亮："双 11"当天，支付宝移动支付笔数占比达 70%。

引领移动互联网应用风气之先的杭州，在政府部门与蚂蚁金服等企业的合力推动下，已经建成一个覆盖率广、普及率高的移动支付网络。根据蚂蚁金服发布的数据，目前杭州 98%的出租车、超过 95%的超市便利店、超过 50%的餐饮门店都支持移动支付。

这座以西湖美景著称、以 G20 杭州峰会闻名于世的江南名城，已悄然成为全国最大的移动支付之城。在杭州，出门不用带现金，一部手机就能搞定"吃穿住用行"。

在"大众创业，万众创新"的新时代要求下，移动支付必将迅速在全国普及，因此，本书增加了移动扫描收银的知识和技能。

本书紧紧围绕收银员岗位的工作要求，系统地介绍了从事收银工作必须要掌握的基本知识、基本技能、基本礼仪和收银工作的操作方法，以供职业院校财经商贸专业学生学习和教师教学使用，也可以作为在职收银员岗位培训用书和自学用书。

本书主要内容包括收银基础知识、商业企业与商品知识、票款结算知识、收银机知识、顾客服务等。理论知识以"适度、够用"为原则，摒弃"繁、难、偏、旧"的内容。突出以就业为导向，以能力为核心，以提高学生职业能力素质为主线，突出了学以致用的原则。

本书体系设计合理，内容有弹性，要求有层次，结构模块化，内容简练，条理分明，符合职业院校学生的认知结构和技能形成的规律。为利于教师教学和学生学习，本书配备了丰富的案例和图片，直观、通俗，便于理解和掌握，可操作性强，力求深入浅出，图文并茂，通俗易懂。

本书体例清晰、严谨，内容新颖、简洁。为便于学生学习，设有学习目标、案例、动脑筋、小贴士等栏目。

参加本书编写的教师，大都在财经商贸类专业教学领域工作多年，对财经商贸类专业理论和技能教学具有丰富的经验。为了把本书打造成精品教材，他们做了大量的调研和实践工作。

本课程总学时数为38学时，各单元学时分配见下表（仅供参考）。

学时分配建议表

序　号	课程内容	课　时	备　注
1	收银员的职业性质和职业守则	2	
2	相关法律法规常识	3	
3	商业企业	2	
4	商品知识	2	
5	票款结算	3	
6	识别现金和金融卡	3	
7	移动扫描收银的操作技能	3	
8	收银机与操作技能	3	
9	收银机及相关设备知识	3	
10	收银员礼仪规范	2	
11	顾客服务操作技能	2	
12	机动	10	
合计		38	

本书由宋锐、彭燕玲和刘娅担任主编，其中彭燕玲编写单元10和单元11，刘娅编写单元7，涂小齐编写单元1，王颖编写单元2，吴燕编写单元3和单元4，方焰编写单元5，王莉、吴玉洁编写单元6，朱菊红编写单元8，杜勇超编写单元9。插图由徐薇薇绘制。全书由何志勇担任主审。在本书的编写过程中，得到业内许多专家学者的大力支持，在此一并致谢！

为方便学生学习，本书配有电子资料包，由徐云、周静、陈桂荣等制作，包括电子课件、电子模拟试题、教学指南、习题答案（电子版）等，请有此需要的教师登录华信教育资源网（www.hxedu.com.cn），免费注册后再进行下载，有问题请在网站留言板留言或与电子工业出版社联系（E-mail:hxedu@phei.com.cn）。

由于时间和编者水平有限，本书错误和疏漏在所难免，敬请广大读者指正。

编　者

2017年3月

目　　录

模块 4 收银机知识

模块 5 顾 客 服 务

模块 1　收银基础知识

收银工作是随着现代零售业的发展和现代化收银手段的应用而逐步独立出来的一个新的职业岗位群，是近年来职业院校学生就业的一条新渠道。

一个优秀的收银员灿烂的微笑，在收银台扫描、录入、点钞、装袋等连贯优美的动作，令顾客目不暇接，仿佛在欣赏一次高水平的艺术表演！

同学们，想成为一个优秀的收银员并不难，路就在我们脚下，让我们振奋精神，投入到本课程的学习中去吧！

单元 1　收银员的职业性质和职业守则

学习目标

1．掌握收银员的职业性质；
2．掌握收银员的职业素质；
3．掌握收银员的职业守则。

【案例 1】

畅“快”的杨佳收银通道

不久前，湖南省第一个以收银员名字命名的收银通道——杨佳快速收银通道在家润多朝阳店开通。这个曾经荣获全国收银冠军的阳光女孩一上场就让人感受了畅“快”。长沙的生活超市很多，但令购物者最为苦恼的却是：每到高峰时节，选好东西后还要被“卡”在收银处排队等候多时。家润多朝阳店别出心裁，推出以杨佳命名的快速收银通道。杨佳曾在“银联杯”全国商业服务收银员银行卡知识、技能竞赛总决赛中，以绝对优势获得个人第一名。家润多负责人称，位于第 22 号通道的“杨佳快速收银通道”就是要突出“快”的特点，解决顾客“等”的烦恼。因此，杨佳每天上班的时间定在上午 10 时至 12 时、下午 4 时至 6 时，而这 4 个小时往往是超市人流最密集的时期。昨日下午 4 时，通道刚刚开通，在显眼招牌的指示作用下，顾客蜂拥而至杨佳收银台前。只见手起眼动处，几秒工夫，一位大爷满购物篮的商品条码已经全部录入，价钱也已算出，这个年方 22 岁的小姑娘“唰唰唰”将白菜、猪排、卫生纸等物全部入袋后，大爷还在从钱包中往外拿钱付款。杨佳速度之快令人瞠目结舌。杨佳收银快且准，在家润多收银 4 年来，从未收过一张假钞。记者经片刻观察发现，别的收银员为 1 位顾客收银装袋的当儿，杨佳已为 4 位顾客完成收银服务。

杨佳灿烂的微笑，快速、准确的收银操作过程，令顾客赞不绝口。她扫描、录入、点钞、装袋动作连贯优美，看她收银，简直就是在欣赏一次高水平的艺术表演！

动脑筋

要成为一名优秀的收银员，需要哪些专业素质？需要哪些专业技能？

一、收银员的职业性质

收银员（cashier），又称收款员，是指在商业零售企业从事面向顾客收取货币资金（含现金、支票、各种金融支付卡等）的工作人员。

收银员这一职业，从性质上来说是零售企业财务部门派往营业场所一线收取货币资金的工作人员，属于出纳岗位的派出人员。因此，收银工作是财务工作的重要组成部分。

收银员从事的主要工作包括：管理养护收银设备，领取零用金，为顾客提供结算服务，负责营业资金管理与上缴，填制相关表单，提供退换货在收银机上的服务。

收银员直接与消费者、货币打交道，其职业特点表现为以下几点。

1．专业性

收银工作作为商家在其营业场所所设立的一个重要的经济岗位，有着专门的操作技术和工作要求，是一项专业性很强的工作。

2．责任性

收银工作也是一项经济责任很大的工作，由于商场和超市、餐饮店、酒店等营业场所内的收银台每天都要收取大量的货币资金，而这些货币资金既关系着企业的经济利益，又关系到客户的切身利益。

3．效率性

由于现代生活的快节奏，加上商场和超市、餐饮店、酒店等营业场所的客流量较大，所以收银工作要求快节奏。

4．服务性

收银员工作的特点是提供收银服务，满足消费者的需要。收银员在收银工作中，要尊重消费者的自我意识，给消费者带来快乐的心理体验，同时也是自己在工作中获得自我存在的体验与快乐。

5．法律性

收银是与钱打交道的工作，每天都经手大量的现金，收银员在拥有良好思想品德的同时，还要具有较高的法律意识。

小贴士

收银员——商场的“掌门人”

收银作业是商业企业销售服务的一个关键岗位，收银台是商场商品、现金的“闸门”。商品流出、现金流入都要经过收银台，收银员稍有疏忽就会使经营前功尽弃。收银员同时又是商场的“掌门人”，收银作业不只是单纯的结账服务，还包括了对顾客的礼仪态度、信息的提供、现金作业的管理、促销活动的推广、损耗的预防，以及商场安全管理的配合等各项前置和后续的管理作业。在短暂的收银结账服务中，收银员的一言一行体现了服务效率、服务质量，集中展示了整个商场的服务形象，关系到企业经营利益和持久竞争力。

动脑筋

1. 收银员职业性质有什么特点？
2. 收银员的工作内容有哪些？

【案例2】

从收银员到会计师

2012年年初，财经专业09级毕业生王顺龙还是格力电器的一名店面收银员，如今，王顺龙已坐在了格力电器中南区武汉总部财务部的办公室，周围的同事都是公司财务工作的精英。

王顺龙是财经专业的中专学生，成为一名优秀的会计师是他的职业理想。2009年12月，格力电器来学校招聘学生，岗位是收银员，经过几轮面试，王顺龙顺利入选。进入公司后，王顺龙被分配到大福园店任收银员。

收银、做订单、拆机单……每天一成不变重复性的工作使一些和王顺龙同去的实习生有了厌倦情绪。三个月后，不少人辞职了。同学们也劝他离开，认为男生应该去做业务才能施展自己的才干，收银员岗位技术含量不高，发展空间不大。王顺龙想，虽然自己目前仅是一名店面收银员，岗位很普通，但里面却有很多学问，比如可以熟悉公司的POS系统、收银和各种工作流程，最重要的是可以培养自己的耐心、细心和责任心，于是咬咬牙坚持了下来。

王顺龙一方面认真做好自己的本职工作，另一方面注意观察、学习店内其他销售岗位的工作程序。在校做学生记者所练就的与人沟通和善于观察的本领，让他在最短的时间内熟悉了店内的全部业务流程。实习的半年内他做到了收银“零差错”，店面经理告诉他，作为一个新人，做到这一点非常不易。转为正式员工后，他对待工作的负责态度和专业技能甚至超过了一些工作了多年的老员工。2016年11月，经公司多年的跟踪考察，王顺龙被调到武汉总部财务部任销售会计。

从一名基层收银员“变身”成为公司核心部门的管理人员，虽然王顺龙的身份变了，但他却没有丝毫懈怠，反而更加努力。总结自己三年的经历，王顺龙认为他的成长离不开收银台这个广阔的平台。

“其实，在职场上每一个人都想做‘杜拉拉’，但是，‘杜拉拉’不是每个人都能做到的，首先你要有梦想，然后要有脚踏实地的努力，只有这样才能一步步成就梦想。”王顺龙感悟职场的首战成功。

动脑筋

王顺龙是一名优秀的收银员，那么一名优秀的收银员应具备哪些基本素质呢？

二、收银员的职业素质

收银员工作是财务工作的一部分，也是财务会计工作不可缺少的组成环节。它处于会计核算工作的起点，是会计核算中工作量最大的环节。收银员工作不单纯是点点钞票，它还包含了许多知识和专业技能。作为一名收银员，不但要掌握一般的财务知识，还要有良好的品德和优雅的气质，更要有敏锐的观察能力、快速的分析能力和果断的处理事务能力。

1. 良好的思想政治素质

由于收银员从事的是财务工作，直接与金钱接触，其诚信、品德和责任心最重要。如果不具备良好的思想品德素质，那么在今后的工作中就不能处理好国家、集体和个人利益之间的关系，也就很容易在物质、金钱面前放松警惕，有的甚至会监守自盗，贪污公款，最终走上违法犯罪的道路。从全国经济犯罪案例来看，经济工作者相对要多一些，主要是因为这些人有便利的条件，工作中经常和金钱打交道，面临的诱惑特别多。因此，收银员尤其要树立正确的理想信念。理想信念是人生航船的航标和风帆。一个人如果缺乏正确的理想信念，就好像人生航船失去动力和方向。因此，作为一名收银员应当把具备良好的思想品德素质放在首位，始终做到“常在河边走，坚决不湿鞋”。

2. 高尚的职业道德素质

收银员的职业素质，是指在收银职业活动中通过教育和修养而形成的职业道德方面的状况和水平，并把这些职业素养贯穿于其行为、举止、思想和意图之中。收银员每天工作在营业一线，既要分毫不差地收取现金，又要以热情的工作态度为顾客服务。工作的特殊性决定了他们必须具备高尚的职业素质，具体体现在爱岗敬业，热情服务、礼貌待客、维护消费者利益等方面。以热情周到的工作态度为顾客服务，为企业赢得良好的商业信誉。

3. 扎实的科学文化素质

要做一名优秀的收银员，就要学好科学文化知识，提高自己的科学文化素质，这是做好工作的基础。不仅要学习文化基础知识，而且要熟练掌握与收银工作相关的专业理论知识。不仅能更好地为自己所从事的专业服务，而且能增强适应工作环境的能力。近年来，国外的零售业巨头不断登陆我国，像易初莲花、万客隆、麦德龙、沃尔玛、家乐福等企业在我国很多大中城市建立超级市场。不少学生毕业后将会到这些超市工作，因此还要学习一些与国际接轨的收银工作所需的新知识、新技术，还应熟练掌握外语的听说能力，以尽快适应大型超市的工作要求和工作环境。

4. 熟练的专业技能素质

收银员作为从事收银工作的专业人员，必须熟练掌握相关专业技能，才能有效提高收银工作效率。

（1）具备一流的收银操作技术。在收银过程中能严格按照收银程序操作，做到快捷、准确，使顾客最大限度地满意。

（2）对真、假、残币的识别能力。要做到“慧眼识币”，绝不收假币、残币，而且能够熟悉地操作各种金融卡刷卡业务。

（3）能熟练运用各种电子收银设备，如电子收银机、条码扫描仪、POS机等。

（4）高超的顾客服务技能。作为收银员，在“顾客至上”的服务理念和服务意识指导下，还必须有一定的服务技巧，想顾客所想、急顾客所急，灵活、机动地帮助顾客处理问题，使顾客有一种轻松、愉快的购物心情。

5. 健康的身心素质

健康的身心素质包括健康的体魄和健全的心理，身心素质是一个人从事职业活动的本钱。

收银员的主要工作环境是百货商场和超级市场等零售商业企业（目前，移动支付已经遍布大街小巷各行各业，也是收银员或兼职收银的岗位），客流量大，时间性强，工作繁忙，没有良好的身体素质是不行的。俗话说，身体是工作的本钱，工作越繁忙就越需要加强身体锻炼，只有练就强健的体魄，才能保持旺盛的精力和良好的精神面貌，可以说，良好的身体素质是做好工作的保障。另外，收银员每天要面对不同的顾客，经常会遭到顾客抱怨，工作中还经常会遇到一些挫折，受到一些委屈。因此，没有良好的心理素质也是不行的。而一个人良好心理素质的培养，离不开乐观的心态、自信的心理及热忱的工作态度。只要能做到这三点，每个收银员都可以成为身心健康的优秀企业职员。

动脑筋

为什么说收银员必须具备良好的职业素质才能胜任这项工作？

三、收银员职业守则

收银员职业守则是指在一定的社会经济条件下，对收银员职业行为及职业活动的系统要求或明文规定。不同的零售商业企业对收银员所指定的职业守则各不相同，但根据收银员的职业特点和工作要求，可以将收银员的职业守则概括为以下几个方面。

1. 遵纪守法，廉洁自律

收银工作是一项较为特殊的岗位，直接与钱、财、物打交道。收银员在工作过程中要遵纪守法，自尊自重，严格执行有关政策法规，做到廉洁自律，秉公办事，不利用工作之便牟取私利，不损公肥私，应按照商品标价结算，并接受监督，切实贯彻国家的物价政策，体现商品交换的等价原则，不得故意多收或少找，做到公平买卖，童叟无欺。

2. 爱岗敬业，忠于职守

收银员要热爱本职工作，充满工作热情。在任何时候、任何场合下都要做到忠于职守，尽职尽责。收银工作是企业财务工作的基本环节，事关企业的经济利益，责任重大，而且工作烦琐，工作量大，需要收银员始终保持积极乐观的情绪，增强从事收银工作的光荣感和责任感。

3．礼貌待客，热情服务

收银工作属于现代服务行业，收银台属于窗口岗位。收银员工作时，应做到仪表端庄大方，着装整洁得体，佩戴工牌，站姿端正，身体与收银台、收银机保持足够距离，不靠在收银台上。在收银工作中，对顾客要始终保持亲切友善的笑容，运用礼貌用语，耐心回答顾客的提问，结算时必须唱收唱付，将钱和小票一起交给顾客。要帮助顾客将商品装入购物袋内，对体积过大的物品要用绳子捆好以方便顾客提拿，顾客离开时要礼貌致谢，欢迎下次再来，等等，力争自己所做的一切让顾客感到舒心。

4．勤学苦练，提高技能

专业技能的熟练和提高不可能是一劳永逸之事，必须不间断地学习、研究、充实和提高。作为收银员要“曲不离口，拳不离手”，熟能生巧。从事收银工作要具备基本的计算机知识，并能处理一些日常计算机故障；熟练掌握收银、输单、操作过程及退单、转台、翻台的程序；具有识别人民币和各种外币的能力；鉴别支票真伪的能力；识别和操作各种银行卡的能力；为顾客服务的技能技巧；等等。近期，移动支付快速发展，支付宝等已经普及，收银员也要尽快熟练掌握移动支付技能。尽自己最大努力提高效率，减少顾客排队等候时间，让顾客满意。

【案例 3】

磨平手指纹，练出真功夫

人来人往，络绎不绝，商品琳琅满目……走进大福园超市，不禁让人感到一片繁忙景象，这里的蔬菜、瓜果、糕点，还有服务员乃至顾客……所有的一切都给人一种忙碌但井然有序的感觉。在一台台收银机前，笔者一眼就确定顾客最多，排队最长，但移动最快的那个收银姑娘就是李玲。

据说，有一件小事，对李玲触动很大。那是一个大热天，一位顾客买了一只冰激凌，由于收银速度不快而队伍太长，轮到他结账时，冰激凌已经融化了，一滴一滴往下掉。李玲看到很过意不去，提出要替顾客换一只，却被婉拒了。看着捧着那只已经融化的冰激凌的顾客背影，李玲暗暗下定决心，一定要提高自己的收银速度。

从那以后，超市和家中处处都留下了她勤学苦练的身影。在超市，别人下班了，她却还在“转悠”，熟悉每件商品的条码打记处，以便一接到商品就能迅速找到条码。为加快点钞速度，她每天下班后主动留下来练习，还把练功卷带回家，吃完饭就练，看电视时也练，甚至睡觉前坐在床上还要练几把，被破坏的练功卷不计其数。为了练习点钞，她双手的指纹几乎磨平了。就是通过这样的努力，才有了李玲今天的成绩。

动脑筋

如何提高收银工作效率？

练习与实训

一、单项选择题（从四个选项中选择一个正确答案）

1．收银员又称为（　　），是指商业零售企业从事面向顾客收取货币资金、银行卡和支票等工作的人员。

A．收款员　B．出纳　C．会计　D．财务主管

2．下列（　　）不是收银员的职业特点。

A．专业性　B．责任性　C．定型性　D．服务性

3．（　　）是收银员的服务对象。

A．消费者　B．经理　C．会计　D．批发商

4．健康的身心素质包括健康的体魄和（　　）。

A．健全的人格　B．清醒的头脑　C．健全的心理　D．良好的忍耐力

5．作为一名收银员，不但要掌握一般的（　　），还要有良好的品德和优雅的气质。

A．财务知识　B．礼仪知识　C．售后技能　D．营销知识

6．作为一名收银员，应当把培养、保持良好的（　　）放在首位，始终做到“常在河边走，坚决不湿鞋”。

A．思想品德素质　B．职业道德素质

C．科学文化素质　D．专业技能素质

7．收银员应该具备的高尚道德，既包括作为社会人的道德，又包括（　　）。

A．法治意识　B．文化水平　C．商业职业道德　D．专业技能

8．收银员小王工作勤奋努力、技术精湛，时常利用业余时间学习有关财务知识，体现了收银员（　　）的职业道德守则。

A．遵纪守法，廉洁自律　B．爱岗敬业，忠于职守

C．勤学苦练，提高技能　D．礼貌待客，热情服务

9．收银员小李利用工作之便，将商品未经过扫描、付款就据为己有，违反了（　　）职业道德守则。

A．遵纪守法，廉洁自律　B．爱岗敬业，忠于职守

C．勤学苦练，提高技能　D．礼貌待客，热情服务

10．（　　）既是做人的基本准则，也是职业道德的精髓。

A．诚实守信　B．爱岗敬业　C．服务群众　D．奉献社会

二、判断题（正确的打“√”，错误的打“×”）

1．收银作业只是单纯的结账服务。（　　）

2．收银台既是商场商品，现金的“闸门”，同时又是商场的“掌门人”。（　　）

3．收银员每天盘点收款，做到日清月结。（　　）

4．对顾客有礼貌、欢迎顾客光临，运用礼貌用语，如您好、欢迎光临、谢谢您、早上好。（　　）

5．对于顾客临时不买的商品乱丢乱放，提醒顾客带走所有商品。（　　）

6．一个合格的收银员，只要能快速、准确地为顾客提供好结算服务就行了。（　　）

7．收银员在上岗前需要佩戴工牌，检查妆容，做到着装整齐，仪表端庄。（　　）

8．收银员在找零时将零钱和小票放在收银台上即可。（　　）

9．收银员在接待顾客时需要面带微笑。（　　）

10．收银工作很简单，不需要勤学苦练。（　　）

11．支付宝属于移动支付的一种方式。（　　）

单元 2　相关法律法规常识

学习目标

1．了解消费者权益保护法的概念和适用对象；

2．理解消费者的权利及经营者的义务；

3．了解生产者及销售者的产品质量责任和义务；

4．掌握劳动合同的概念和主要内容；

5．理解经济违法的含义和特征；

6．理解常见的经济犯罪及其表现形式。

一、消费者权益保护法常识

（一）消费者权益保护法的概念与适用对象

【案例 1】

三鹿事件回顾

2008 年 9 月 17 日，三鹿三聚氰胺事件及中国乳业的三聚氰胺丑闻被全面揭开。截至同年 11 月 27 日 8 时，全国累计报告因食用三鹿牌奶粉和其他个别问题奶粉导致泌尿系统出现异常的患儿 29 万余人。与此同时，伊利、蒙牛、光明等中国免检、中国名牌产品的卷入，直接导致国家免检制度被废止，多家企业产品的“中国名牌”称号被取消。另外，作为高官问责的对象，三鹿集团原董事长田文华被刑事拘留，河北省石家庄市副市长张发旺被免职，国家质检总局局长李长江也引咎辞职，黯然下台。

【案例分析】

消费者权益的保护问题，已成为一个全球性的话题，一直受到普遍关注。对于我国而言，伴随着市场经济改革的不断深入，建立健全消费者权益的保护途径，强化对消费者权益的保护，维护消费者的身心健康，已成为一项刻不容缓的任务。

1．消费者权益保护法的概念

消费者权益保护法是调整在保护公民消费权益过程中所产生的社会关系的法律规范的总

称。一般情况下，我们所说的消费者权益保护法是指 1993 年 10 月 31 日颁布、1994 年 1 月 1 日起施行的《中华人民共和国消费者权益保护法》。该法的颁布实施，是我国第一次以立法的形式全面确认消费者的权利。此举对保护消费者的权益，规范经营者的行为，维护社会经济秩序，促进社会主义市场经济健康发展具有十分重要的意义。

2．消费者权益保护法的适用对象

消费者权益保护法，列举的消费者权利就有九项之多，特别强调了经营者的义务，因此该法以保护消费者权益为宗旨。那么，该法的适用对象有哪些呢？可从以下三个方面理解。

第一，消费者为生活消费需要购买、使用商品或者接受服务的，适用消费者保护法。所谓消费者，是指为个人生活消费需要购买、使用商品和接受服务的自然人。从事消费活动的社会组织、企事业单位不属于消费者保护法意义上的“消费者”。

第二，农民购买、使用直接用于农业生产的生产资料时，参照消费者保护法执行。

第三，经营者为消费者提供其生产、销售的商品或者服务，适用消费者保护法。

（二）消费者享有的权利

消费者的权利是指消费者在购买、使用商品或者接受服务过程中，依法享有的受法律保护的利益。消费者的权利作为消费者利益在法律上的体现，是消费者权益保护法的核心内容。我国法律明确赋予了消费者以下权利，为消费者在遭受损害时获得保护提供了法律依据。

（1）安全保障权。

（2）知悉真情权（见图 2-1）。

（3）自主选择权。

（4）公平交易权。

（5）获得赔偿权。

（6）依法结社权。

（7）获得知识权。

（8）维护尊严和民族习惯权。

（9）监督批评权。

图 2-1 知悉真情权

（三）经营者应当履行的义务

为了有效地保护消费者的权益，约束经营者的经营行为，消费者保护法不仅专章规定了消费者的权利，还专章规定了经营者的义务。

（1）严格履行法定义务或约定义务。

（2）接受消费者监督的义务。

（3）提供安全商品和安全服务的义务。

（4）提供真实情况的义务。

（5）表明真实名称和标记的义务。

（6）出具购货凭证和服务单据的义务。

（7）保障商品质量的义务。

（8）承担“三包”责任的义务。

（9）严格遵守公平交易的义务。

（10）尊重消费者人格权的义务。

（四）消费者权益保护解决方式

消费者在自己的正当权益受到损害时，可采取多种形式去维护自身的权益，具体方法如下。

（1）与经营者协商和解。

（2）请求消费者协会调解。

（3）向有关行政部门申诉。

（4）向仲裁机构申请仲裁。

（5）向人民法院提起诉讼。

二、产品质量法常识

【案例 2】

地板里竟飞出了虫子

原告于某于 2016 年夏，为装修新买的房屋先后向大成装饰材料门市部购买了 108 平方米的水曲柳实木地板，购买价为人民币 87110 元。装修竣工后不久，其发现室内飞虫不断，且越来越多，影响正常生活。原告称，飞虫系从地板中长出，显然地板质量不合格，故要求将已铺设使用的地板退货，并由被告承担赔偿责任。

【案例分析】

《中华人民共和国产品质量法》第四十六条规定：产品缺陷，是指产品存在危及人身、他人财产安全的不合理的危险。产品有保障人体健康和人身、财产安全的国家标准、行业标准的，不符合该标准，就要承担责任。

在该案中，大成装饰材料门市部显然负有责任，地板铺设后出现飞虫是质量瑕疵，属于没有按照合同约定交付合格的货物，是违约行为。大成装饰材料门市部作为销售者，首先应该做到执行进货检查验收制度，验明产品合格证明和其他标志。其次，大成装饰材料门市部还应当采取措施，保证销售产品的质量。

大成装饰材料门市部也有权向产品的生产者依法追究责任，我国法律明确规定：生产者的产品质量责任和义务是不存在危及人身、财产安全的不合理的危险，有保障人体健康和人身、财产安全的责任。

1．产品质量法的概念

《中华人民共和国产品质量法》是调整产品质量监督管理关系和产品质量责任关系的法律规范的总称。我们通常所说的产品质量法是指 1993 年 2 月 22 日颁布、同年 9 月 1 日实施的《中华人民共和国产品质量法》。该法于 2000 年 7 月 8 日修订。为加强对产品质量的监督管理，明确产品质量责任，保护消费者和用户的合法权益，维护正常的生产秩序，凡在我国境内从事产品生产、销售活动的企业、其他组织和个人（包括外国人）均必须遵守产品质量法。

2．产品质量监督

（1）产品质量监督的行政部门。国务院产品质量监督管理部门负责全国产品质量监督管理工作。国务院有关部门在各自的职责范围内负责产品质量监督管理工作。县级以上地方人民政府管理产品质量监督工作的部门负责本行政区域内的产品质量监督管理工作。

（2）产品质量监督制度的主要内容。首先是产品质量抽查制度。抽查的重点，是可能危及人体健康和人身、财产安全的产品，影响国计民生的重要工业产品，以及用户、消费者、有关组织反映有质量问题的产品。其次是质量状况信息发布制度。国务院和省、自治区、直辖市人民政府的产品质量监督部门应定期发布其监督抽查的产品的质量状况公告，这是消费者知情权的基本要求。再次是企业质量体系认证制度及产品质量认证制度。

除此之外，公民个人、社会组织也有权就产品的质量问题进行查询、申诉，并且还可以向有关部门检举违反本法的行为。

3．生产者的产品质量责任和义务

（1）产品质量的一般要求。生产者应当对其生产的产品质量负责。产品质量应当符合下列要求。

① 不存在危及人身、财产安全的不合理的危险，有保障人体健康和人身、财产安全的国家标准、行业标准。

② 具备产品应当具备的使用性能，但是，对产品存在使用性能的瑕疵作出说明的除外。

③ 符合在产品或者其包装上注明采用的产品标准，符合以产品说明、实物样品等方式表明的质量状况。

（2）产品标志的要求。产品或者其包装上的标志必须真实，并符合下列要求。

① 有产品质量检验合格证明。

② 有用中文标明的产品名称、生产厂名和厂址。

③ 根据产品的特点和使用要求，需要标明产品规格、等级、所含主要成分的名称和含量的，用中文相应予以标明；需要事先让消费者知晓的，应当在外包装上标明，或者预先向消费者提供有关资料。

④ 限期使用的产品，应当在显著位置清晰地标明生产日期和安全使用期或者失效日期。

⑤ 使用不当，容易造成产品本身损坏或者可能危及人身、财产安全的产品，应当有警示标志或者中文警示说明。裸装的食品和其他根据产品的特点难以附加标志的裸装产品，可以不附加产品标志。

4．销售者的产品质量责任和义务

（1）销售者应当执行进货检查验收制度，验明产品合格证明和其他标志。

（2）销售者应当采取措施，保持销售产品的质量。

（3）销售者不得销售失效、变质的产品。

（4）销售者销售的产品标志应当符合本法第十五条的规定。

（5）销售者不得伪造产地，不得伪造或者冒用他人的厂名、厂址。

（6）销售者不得伪造或者冒用认证标志、名优标志等质量标志。

（7）销售者销售产品，不得掺杂、掺假，不得以假充真、以次充好，不得以不合格产品冒充合格产品。

5．违反产品质量法的损害赔偿

法律规定，售出的产品有下列情形之一的，销售者应当负责修理、更换、退货；给购买产品的用户、消费者造成损失的，销售者应当赔偿损失。

（1）不具备产品应当具备的使用性能而事先未作说明的。

（2）不符合在产品或者其包装上注明的采用产品标准的。

（3）不符合以产品说明、实物样品等方式表明的质量状况的。

销售者依照前款规定负责修理、更换、退货、赔偿损失后，属于生产者的责任或者属于向销售者提供产品的其他销售者（以下简称供货者）的责任的，销售者有权向生产者、供货者追偿。销售者未按照第一款规定给予修理、更换、退货或者赔偿损失的，由管理产品质量监督工作的部门或者工商行政管理部门责令改正。

因产品存在缺陷造成受害人财产损失的，侵害人应当恢复原状或者折价赔偿。遭受其他重大损失的，侵害人应当赔偿损失。

三、劳动法常识

【案例3】

不合法的劳动合同关系

出生于1999年的女孩汪洋于2014年3月到天门市某化工厂打工，与该厂达成口头协议如下：汪洋预付押金1000元；试用期为8个月；合格录用后，月薪1000元（同工种男性则为1250元）；工作时间为8小时/日工作制，每个晚上加班2小时，工资另计；遇节假日不休息，则另付加班费100元；若因本人不慎而负伤，责任自负；合同期限为无固定期限。汪洋工作1个月后，因车间工作环境恶劣，又未领到工资，提出辞职请求，该厂以汪洋违约为由，拒绝支付工资和返还押金。

动脑筋

1. 以上的案例中有哪些地方不符合劳动法的规定？
2. 当用人单位和劳动者发生劳动争议时应如何解决？

（一）劳动法的概念

劳动法是调整劳动关系及与劳动关系密切联系的社会关系的法律规范总称。其宗旨是完善劳动合同制度，明确劳动合同双方当事人的权利和义务，保护劳动者的合法权益，构建和发展和谐稳定的劳动关系。我国最新颁布的《中华人民共和国劳动合同法》，已由中华人民共和国第十届全国人民代表大会常务委员会第二十八次会议于 2007 年 6 月 29 日通过，自 2008 年 1 月 1 日起施行。在中国境内的企业、个体经济组织（以下称为用人单位）和与之形成劳动关系的劳动者，适用本法。国家机关、事业单位、社会团体和与之建立劳动合同关系的劳动者，依照本法执行。

（二）劳动合同的主要内容

劳动合同是劳动者与用工单位之间确立劳动关系，明确双方权利和义务的协议。劳动合同应当具备以下条款。

（1）用人单位的名称、住所和法定代表人或者主要负责人。

（2）劳动者的姓名、住址和居民身份证或者其他有效身份证件号码。

（3）劳动合同期限。

（4）工作内容和工作地点。

（5）工作时间和休息、休假。

（6）劳动报酬。

（7）社会保险。

（8）劳动保护、劳动条件和职业危害防护。

（9）法律、法规规定应当纳入劳动合同的其他事项。

劳动合同除前款规定的必备条款外，用人单位与劳动者可以约定试用期、培训、保守秘密、补充保险和福利待遇等其他事项。

（三）劳动者权益保护解决方式

劳动者在自己的正当权益受到损害时，可采取多种形式去维护自身的权益，具体方法如下。

（1）与用人单位和雇主协商和解。

（2）请求劳动仲裁机构调解。

（3）向劳动行政部门申诉。

（4）向人民法院提起诉讼。

【案例分析】

在上述案例 3 中，天门市某化工厂有许多地方不符合劳动法的规定。首先，劳动法明文规定，用人单位必须与劳动者签订书面的劳动合同，而他们没有这么做。其次，男女职工应同工同酬。再次，汪洋未满 16 周岁，属于未成年人，而用人单位不能雇用童工。除此之外，还有许多违反劳动法的规定，同学们可以自己对照上文中的内容查找出来。最后，劳动者在自己的正当权利受到损害时，可采取多种形式去维护自身的权利。上文中提到的四种方式是最基本的。

四、经济犯罪法律常识

【案例4】

莫伸手，伸手必被捉

王芳在一所职业中学财会专业学习，即将毕业的最后一学期，她与部分同学到一家超市实习。超市经理表示，实习结束后，将把表现好的同学招聘为收银员。但实习不久，王芳就出了问题。原来王芳到超市后，与该超市一名老员工联手，采用跳过扫描仪的手段盗窃市值1000多元的商品，被超市电子防盗系统识破。按超市规定，王芳除退回全部商品外，并处800元的罚款（见图2-2），还因此影响了其顺利毕业。而那名老员工除被罚款外，也被超市开除。

由于超市内盗现象时常发生，经营者对此深恶痛绝，无不加强防范，公安机关也加大了对此类案件的打击力度。对内盗者，各大超市将携起手来，永不录用。

图2-2 内盗者被罚款

【案例分析】

每一位准备从事收银职业的年轻人，都要从本案中吸取教训，加强自身道德品质修养，加强思想政治学习，做到学法、知法、懂法、守法，不要因经受不住金钱、物质的诱惑而伸出黑手，断送自己的前程。

（一）经济犯罪的概念

经济犯罪是指在市场经济运行领域中，为牟取不法利益，侵犯国家经济管理制度，破坏社会主义市场经济秩序，依照刑法应受刑罚处罚的行为。

经济犯罪的特征主要有以下几点。

（1）法定性。经济犯罪是法定犯罪，即行为人的行为是否构成犯罪是由法律规定的。这一点有别于一般的自然犯罪，如杀人、抢劫、盗窃等传统犯罪，传统犯罪具有明显的反社会性，人们凭借社会常识和伦理道德规范就可轻易地加以判定。

（2）贪婪性。大多数经济犯罪都具有非法牟取经济利益的目的，犯罪人为了一己之利，采取不正当的手段侵吞国家、集体和公民个人的财产，损害合法经营者的利益，同时破坏了市场经济的正常运行秩序。

（3）高智商性。经济犯罪的行为人一般具有较高的文化程度，很多人甚至具有丰富的财税、贸易、会计或者法律方面的专门知识，具有长期从事经济活动的经验。在犯罪手段上，犯罪人一般不直接使用暴力，不明火执仗，不具有攻击性。犯罪人往往运用其专业知识或利用其职务便利，深思熟虑、精心策划，通过钻法律空子来达成牟取非法个人利益之目的，因而经济犯罪在西方被称为“白领犯罪”。

（4）复杂性。经济犯罪由于发生在市场经济运行领域，因而相对于其他类型的犯罪，其犯罪结构十分复杂。近年来，随着我国劳动力市场、金融市场、证券期货市场、房地产市场及科技市场等各种专业市场的建立，市场主体的经济活动变得更加多样化。在这样一种复杂的经济环境下，形形色色的经济犯罪大量滋生、蔓延，呈现出前所未有的特点。

（5）隐蔽性。经济犯罪并不像传统犯罪那样赤裸裸地违反社会公德和人们所熟知的行为规则，其行为人往往又是经济关系的一方当事人，使用的犯罪手段具有经济活动的性质，因而其犯罪不容易被公众所知晓，其社会危害性也不易被人们所认识。

（二）常见的经济犯罪

由于收银员职位的特殊性，每天都要接触到单位的财物，为经济犯罪的可能发生提供了方便。下面就几种与收银工作联系较紧密的，又很典型的经济犯罪进行简单的讲解。

1．盗窃罪

盗窃罪是指以非法占有为目的，秘密窃取数额较大的公私财物或者多次盗窃的行为。其中的“数额较大”，根据最高人民法院的司法解释是指个人盗窃公私财物价值人民币500～2000元以上。

【案例5】

盗窃金融卡内钱款，构成盗窃犯罪

19岁的女孩小丽（化名）系某超市收银员，2016年她在超市打工期间，多次趁顾客查收商品、刷卡结账的时机，以多刷一次顾客银行卡的手段，盗取顾客银行卡内存款，共计8000余元。后小丽在其家人的劝说下主动向公安机关投案。日前，北京市海淀区人民法院以盗窃罪判处了被告人小丽有期徒刑1年，缓刑1年，罚人民币8000元。

【案例分析】

该案中的小丽趁顾客在消费单据签字时，使用顾客的银行卡再往刷卡机上刷一次并输入其想盗窃金额，窃取顾客卡内钱款。遇到银行卡设置密码的顾客，小丽就在顾客输入密码的时候偷偷记住密码；若遇到未设置密码的顾客，就直接利用刷卡机窃取顾客在卡内的钱款。

她每次盗取存款数额不大，一般为二三百元左右，不易被受害者发现。法院审理后认为，被告人小丽以非法占有为目的，秘密窃取他人财物，数额较大，其行为已构成盗窃罪。鉴于被告人小丽案发后主动投案，如实供述自己的罪行，有自首情节，认罪态度较好，赃款已退赔，故对被告人小丽酌予从轻处罚。最后，法院作出上述判决。

2．诈骗罪

诈骗罪是指以非法占有为目的，用虚假事实或者隐瞒真相的方法，骗取数额较大的公私财物的行为。

3．信用卡诈骗罪

信用卡诈骗罪，是指以非法占有为目的，违反信用卡管理法规，利用信用卡进行诈骗活动，骗取财物数额较大的行为。

（1）信用卡诈骗罪具有以下特征：行为人主观上出于故意，即有利用信用卡进行诈骗活动，以骗取财物的目的。这是区分信用卡诈骗罪与一般由于过失或者其他原因而错误使用信用卡的违法行为的重要界限。

（2）信用卡诈骗罪的具体表现形式有以下几种：使用伪造的信用卡，使用作废的信用卡，冒用他人的信用卡，使用信用卡进行恶意透支。

4．职务侵占罪

职务侵占罪是指公司、企业或者其他单位的人员，利用职务上的便利，将本单位财物非法占为己有，数额较大的行为。

5．不当得利

不当得利是指没有合法依据而获得利益，并使他人利益遭受损失的事实。据法律规定，取得不当利益的一方应将所获利益返还于受损失的一方。

练习与实训

一、单项选择题（从四个选项中选择一个正确答案）

1．我们所说的消费者权益保护法是指 1993 年 10 月 31 日颁布、（　　）起施行的《中华人民共和国消费者权益保护法》。

A．1993 年 1 月 1 日　　B．1994 年 1 月 1 日
C．1995 年 1 月 1 日　　D．1996 年 1 月 1 日

2．《中华人民共和国消费者权益保护法》的颁布实施，是我国第一次以立法的形式全面确认（　　）的权利。

A．经营者　　B．生产者　　C．消费者　　D．其他

3．我国消费者权益保护法的基本原则是（　　）。

A．国家对消费者特别保护的原则　　B．国家对生产者特别保护的原则
C．国家对经营者特别保护的原则　　D．其他

4．消费者不仅包括为自己生活需要购买物品或接受服务的人，也包括为了（　　）等需要而购买商品，以及替家人、朋友购买物品，代理他人购买生活用品的人。

A．生产需要　　B．经营需要

C．收藏、保存、送人　　D．其他

5．经营者提供商品或者服务，按照国家规定或者与消费者的约定，承担（　　）责任，也就是通常所说的“三包”。

A．包修、包换、包退　　B．包用、包换、包退

C．包装、包换、包退　　D．其他

6．社会成员的消费分为（　　）两种。

A．生活性消费　　B．生产性消费

C．生活性消费和生产性消费　　D．其他

7．非法出具金融票证罪，是指（　　）违反规定，为他人出具信用证或者其他保函、票据、存单、资信证明，造成较大损失的行为。

A．银行或者其他金融机构及其工作人员　　B．理货员

C．保安员　　D．其他

8．（　　）是指银行或者其他金融机构及其工作人员违反规定，为他人出具信用证或者其他保函、票据、存单、资信证明，造成较大损失的行为。

A．非法出具金融票证罪　　B．洗钱罪

C．伪造货币罪　　D．生产、销售伪劣商品罪

9．（　　）是指以非法占有为目的，违反信用卡管理法规，利用信用卡进行诈骗活动，骗取财物数额较大的行为。

A．伪造货币罪　　B．生产、销售伪劣商品罪

C．洗钱罪　　D．信用卡诈骗罪

10．（　　）产品质量监督管理部门负责全国产品质量监督管理工作。

A．国务院　　B．省级　　C．市级　　D．县级

11．（　　）是指公司、企业或者其他单位的人员，利用职务上的便利，将本单位财物非法占为己有，数额较大的行为。

A．走私罪　　B．职务侵占罪　　C．不当得利罪　　D．诈骗罪

12．收银员因为工作不认真、疏忽大意多收或少收了顾客的钱，从而与顾客产生债关系的是（　　）。

A．生产、销售伪劣商品罪　　B．伪造货币罪

C．不当得利罪　　D．诈骗罪

二、判断题（正确的打“√”，错误的打“×”）

1．国家综合运用立法、行政、司法等手段实现对消费者权益的保护。（　　）

2．消费者消费行为的客体仅仅是商品。（　　）

3．经营者不得对消费者进行侮辱、诽谤，不得搜查消费者的身体及其携带的物品，不得侵犯消费者的人身自由。（　　）

4．经营者保证商品质量的义务不是一项法定义务，而仅仅是一项约定义务。（　　）

5．经济犯罪是指在市场经济运行领域中，为牟取不法利益，侵犯国家经济管理制度，破坏社会主义市场经济秩序，依照刑法应受刑罚处罚的行为。（　　）

6．强化对消费者权益的保护，维护消费者的身心健康，已成为一项刻不容缓的任务。（　　）

7．商品和服务必须符合人身、财产安全的要求，是对经营者经营活动的最起码要求。（　　）

8．经营者可以以格式合同、通知、声明、店堂告示等方式作出对消费者不公平、不合理的规定，或者减轻、免除其损害消费者合法权益应当承担的民事责任。（　　）

9．在包修期内，三次修理仍不能正常使用的，经营者应当负责更换或者退货。（　　）

10．产品质量法的适用范围是：产品是指经过加工、制作，用于销售的产品。（　　）

11．生产者不应对其生产的产品质量负责。（　　）

12．经济犯罪由于发生在市场经济运行领域，因而相对于其他类型的犯罪，其犯罪结构十分复杂。（　　）

13．劳动合同是劳动者与用工单位之间确立劳动关系，明确双方权利和义务的协议。（　　）

14．职务侵占罪，是指公司、企业或者其他单位的人员，利用职务上的便利，将本单位财物非法占为己有，数额较大的行为。（　　）

15．信用卡诈骗罪的具体表现形式有以下几种：使用伪造的信用卡，使用作废的信用卡，冒用他人的信用卡，使用信用卡进行恶意透支。（　　）

模块2　商业企业与商品知识

随着我国市场经济的不断完善，各地现代零售业迅猛发展。中资的北京华联、大连万达、大福园等，外资的家乐福、易初莲花、沃尔玛等在全国各地百花争艳。

超级市场里陈列的商品，更是琳琅满目，何止千千万万。

同学们，商业企业和商品知识，正像大千世界一样丰富多彩，值得我们去探索，去钻研，去学习。让我们进入这个商品的王国吧！

单元3 商 业 企 业

学习目标

1．理解商业企业的各种类型；
2．理解各种形式的零售业态；
3．掌握零售企业的特点；
4．理解零售企业内部的设计。

【案例 1】

世界 500 强——家乐福

家乐福（Carrefour）成立于 1959 年，是大卖场业态的首创者，是欧洲第一大零售商，世界第二大国际化零售连锁集团。现拥有 11000 多家营运零售单位，业务范围遍及世界 30 个国家和地区。家乐福于 1995 年进入中国后，采用国际先进的超市管理模式，致力于为社会各界提供价廉物美的商品和优质的服务，受到广大消费者的青睐和肯定，其“开心购物家乐福”、“一站式购物”等理念已经深入人心。

收银工作所涉及的经营领域很宽，但主要集中在商业零售业。因此，充分了解、认识和掌握零售业的相关理论知识，熟悉零售企业的组织结构，熟悉每天接触的各类琳琅满目的商品的编码和标志，对于做好收银员工作具有十分重要的意义。

一、商业企业的类型

人们把处在流通领域之中的，以投资和经营为基本手段来获取收益的经济利益实体称为商业企业。商业企业可供选择的类型是比较多的，现将它们从各种不同角度进行如下分类。

1．按所有制和所有制实现形式分类

按所有制形式分类，可分为两类：一是公有制商业企业，不仅包括国有商业企业和集体所有制商业企业，还包括混合所有制企业中的国有和集体部分；二是非公有制商业企业，包括私营商业企业、个体所有制商业企业。

按所有制实现形式分类，可分为国有独资有限责任公司、股份制有限责任公司和有限责任公司、集体所有制商业企业、股份合作制商业企业、私营商业企业、三资商业企业等几类。

2. 按企业在商品流通中所处地位和作用分类

（1）批发企业。批发企业是以大宗的、整批的交易批量，供应零售企业或其他批发企业用于交易，或者供应生产企业用于进一步加工并销售的商业企业。它处于商品流通的起点或中间环节，是组织城乡、地区之间商品流通的枢纽。批发企业按经营商品的不同，可以分为以下两大类。

① 日用工业品批发企业。它包括石油、针纺织品、五金、交电、化工、农业生产资料、百货、文化用品、废旧物资等专业批发企业。为了适应市场经济的发展需要，充分发挥中心城市组织经济的作用，它必须以中心城市为依托，组织千千万万工业企业和批发企业通过买卖实现横向联系，促进中心城市辐射地区的经济发展，可采用代理商、配送中心、交易市场、物流中心等形式。

② 农副产品批发企业。它是经营农副产品的批发企业，经营的重点是采购农副产品。农副产品的流通特点是集中于农村、分散到城市，它又分为基层采购企业和中间采购企业两种类型。

（2）零售企业。我们将在下文详细介绍。

二、零售企业

1. 大型零售企业的组织结构

收银员主要是面向零售企业的，因此，对零售企业应多一点了解。作为一个零售企业，无论是全球性的，还是全国性的、区域性的，甚至只是一个零售单店，它的工作任务应该都有如下几个方面：采购、运输和接收商品；进货核对、价格制定及贴价格标签；存货管理及库存控制。商品的店内管理如货架摆放、陈列管理、零售设备管理、零售营销组合的制定、商品数据采集和分析、销售预测和计划制订；其他还有消费者投诉的处理、售后服务、一般性管理工作等。

正是对这些任务的分解和归纳组合成了零售企业的组织结构。一般来说，大型企业的总部管理机构和一般门店的管理机构有很大的区别，因为管理的重点不同。

下面是大型零售企业总部职能部门组织结构图（见图3-1）。

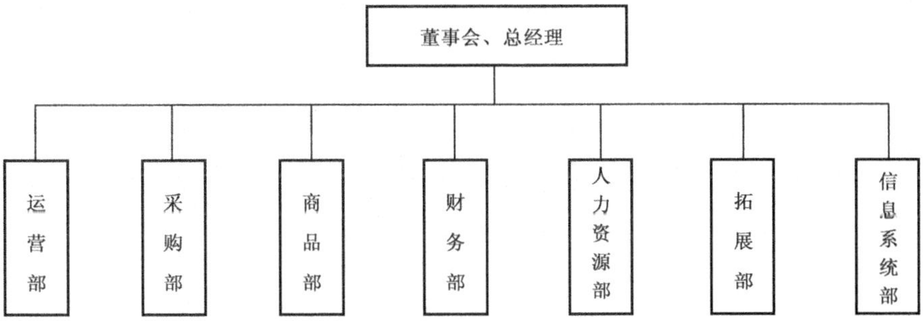

图3-1 大型零售企业总部职能部门组织结构图

2．零售企业的经营特点

作为商业基础的零售行业，一直以来都是商业业态中最为悠久和最为普遍的业态，这个业态的生命力和发展空间也最为巨大，下至小摊小店，上至世界500强企业中的大型连锁百货公司及超级市场，均属此业态。经过数千年的发展后，零售行业仍然保持着旺盛的生命力。

零售企业是以商品直接供应居民用于生活消费或供应集团单位用于非生产和生活消费的商业企业。它处于商品流通的终点，是处理直接消费的商业环节。零售企业的特点一般是交易零星、次数频繁、布局疏密有致，对于社会生产目的的实现、人民生活需要的满足起着举足轻重的作用。零售商业企业为满足不同的消费需求进行相应的要素组合而形成的不同经营形态，被称为零售业态。零售业态从总体上可以分为有店铺零售业态和无店铺零售业态两类。

有店铺零售业态的基本特点如表3-1所示。

表3-1　有店铺零售业态的基本特点

业态		基本特点				
		选址	目标顾客	商品（经营）结构	服务功能	信息管理系统
食杂店		位于居民区内或传统商业区内	以相对固定的居民为主	以香烟、饮料、酒、休闲食品为主	营业时间达12小时以上	初级或不设立
便利店		在居民区、交通要道、娱乐场所、机关、团体、企事业办公区等消费者集中的地方	主要为年轻人，顾客多为有目的的购买	以速成食品、饮料、小百货为主	营业时间达16小时以上，提供即时性食品的辅助设施，开设多项服务项目	程度较高
折扣店		趋向于租金低的地区	主要为商圈内的居民	商品平均价格低于市场平均水平，自有品牌占有一定的比例	用工精简，很少为顾客提供服务	一般
超市	普通超市	市、区商业中心，生活小区内或附近	以居民为主	以包装食品、生鲜食品和日用品为主	营业时间达12小时以上	程度较高
	大型综合超市	市、区商业中心，城郊结合部	以居民、流动顾客为主	大众化衣、食、日用品齐全，一次性购齐，注重自有品牌开发	设不低于营业面积40%的停车场	程度较高
仓储式会员店		城乡结合部的交通要道	以中小零售店、餐饮店、集团购买和流动顾客为主	以大众化衣、食、用品为主，自有品牌占相当部分，商品在4000种左右，实行低价、批量销售	设相当于营业面积的停车场	程度较高并对顾客实行会员制管理
百货店		城市繁华区的交通要道或郊区重要地段	以追求时尚和品位的流动顾客为主	经营范围广，品种繁多，以服饰、鞋类、箱包、化妆品、家庭用品、家用电器为主	注重服务，设餐饮、娱乐等服务项目和设施	程度较高
专业店		繁华商业区、商业街或百货店、购物中心内	以有目的选购某类商品的流动顾客为主	以销售某类商品为主，体现专业性、深度性等特点，品种丰富，选择余地大	从业人员具有丰富的专业知识	程度较高

续表

业态	基本特点				
	选址	目标顾客	商品（经营）结构	服务功能	信息管理系统
专卖店	繁华商业区、商业街或百货店、购物中心内	以购买品牌的顾客群为目标	以销售某一品牌的系列商品为主，销售量少、质优、高毛利	注重品牌声誉，从业人员具备丰富的专业知识，提供专业性服务	一般
购物中心	城市中心、城乡结合部的交通枢纽交汇点	商圈半径为10千米以上，目标顾客以流动顾客为主	内部以百货店或大型综合超市作为核心店，由各种专业店、专卖店、餐饮、娱乐设施共同构成	设不低于营业面积40%的停车场，功能齐全，集购物、休闲、娱乐、餐饮为一体	各个租赁店使用各自的信息系统

无店铺零售业态的基本特点如表3-2所示。

表3-2 无店铺零售业态的基本特点

业态	基本特点			
	目标顾客	商品（经营）结构	商品售卖方式	服务功能
电视购物	以电视观众为主	商品具有某种特点，与市场上同类商品相比，同质性不强	以电视作为向消费者进行商品宣传展示的渠道	送货到指定地点或自提
邮购	以地理上相隔较远的消费者为主	商品包装具有规则性，适宜储存和运输	以邮寄商品目录为主向消费者进行商品宣传展示，并取得订单	送货到指定地点
网上商店	有上网能力、追求快捷的消费者	与市场上同类商品相比，同质性强	通过互联网络进行买卖活动	送货到指定地点
自动售货亭	以流动顾客为主	以香烟和碳酸饮料为主，商品品种在30种以内	由自动售货机器完成售卖活动	无人式服务
电话购物	根据不同的产品特点，目标顾客不同	商品单一，以某类品种为主	主要通过电话完成销售或购买活动	送货到指定地点或自提

3．良好的服务是零售企业经营成功的奥秘所在

零售企业作为一种独立的商业形式，它的经营销售直接面对消费者，因此良好的服务是其成功的关键。主要原因有如下几点。

（1）服务对象是最终消费者。零售企业以最终消费者为服务对象，其中又以个人消费者为主。选择零售企业购物的基本上都是最终消费者，其购买目的大都是为了满足生活需要。

（2）交易次数多，每笔交易数额小。由于零售企业面对的是个人消费者，他们选购的商品范围广，挑选比较仔细，购买数额往往较小。但是，由于消费者人数众多，交易频率相当高。

（3）直接为消费者服务。零售企业出售商品的过程，也是为消费者提供服务的过程。在商品交易前要向消费者介绍商品，在交易过程中要帮助消费者整理、调试商品。在交易完成后要为消费者运送商品及对售出商品负责维修等。在经营过程中对消费者细心周到的服务是企业经营成功的奥秘所在。

（4）网点多、布局分散。零售企业以最终消费者为服务对象，而每个零售企业主体的商

圈有限，为了满足消费者需求，势必广泛设置营业网点。其布局较为分散。

【案例 2】

家乐福优良的服务

家乐福在中国取得巨大成功，还在于它优良的服务。在中国，自行车是主要的交通工具，因此，家乐福有品种齐全的自行车。家乐福出售的面粉和粮食多为小包装，多数矿泉水也是散装的，而不像在其他国家是 6 瓶装的纸板箱。同时，家乐福中国分店的蔬菜切法也不是欧洲的横切法，而是中国的斜切法或竖切法。为了迎合中国人喜欢“挑选”的需要，家乐福增加了货架上同类商品的供应量。

三、零售企业内部的设计

1. 进行“卖场环境”设计

零售企业的“卖场”是消费者用货币表现其偏好的舞台。它应该是怎样的一个舞台，才能使消费者舒适地购物并产生一定的忠诚感，进而产生重复购买行为，为零售企业带来丰厚的利润回报呢？日本零售专家就这一问题对一个具有 5.2 万名顾客的“商圈”进行了随机调查，并发放了 2000 份调查问卷。在回收的 1600 份有效问卷中，顾客对零售企业有关项目的关心程度为：商品容易拿到占 15%；开放式容易进入占 25%；商品丰富占 15%；购物环境清洁明亮占 14%；商品标价清楚占 13%；服务人员的态度占 8%；商品价格便宜占 5%。

其中“开放式容易进入”占 25%，“购物环境清洁明亮”占 14%，而这两项正是零售企业“卖场设计”的具体内容。一个好的“卖场”应该做到：突出特色、提高效率、便利顾客、利于选购。丰富的商品会刺激顾客产生购买欲望，但如果商品有限，也可通过一些陈列的技巧使其看起来更丰富些。

如果将“可供比较评价”的商品群放在一块儿，顾客对于商品的丰富感情就会倍增。另外，独特的陈列手法能赋予商品立体感；商品色彩的巧妙配合同样会增添顾客认为商品丰富的印象，激发消费者对商品的购买欲望。

2.“自由流动线”的安排

“自由流动线”指卖场通道，是顾客购物与商场服务员补货的必要通道，其设计要方便有关人员行走和参观购物。自由流动线的基本形式如图 3-2 所示。卖场通道一般分为主、副通道：主通道是顾客从店门进入店内的通道；副通道是辅助通道，是顾客进入各个角落的重要通道。“自由流动线”布局应充分考虑主、副通道的宽度，流动线设计也存在一些技巧。

（1）入口畅通，顾客轻松出入。要记住，成功生意的第一步是让顾客“进门”。

（2）“曲径通幽”使得顾客停留更久。

（3）明亮清洁，使顾客心旷神怡。

（4）“卖场”与后场衔接紧密。

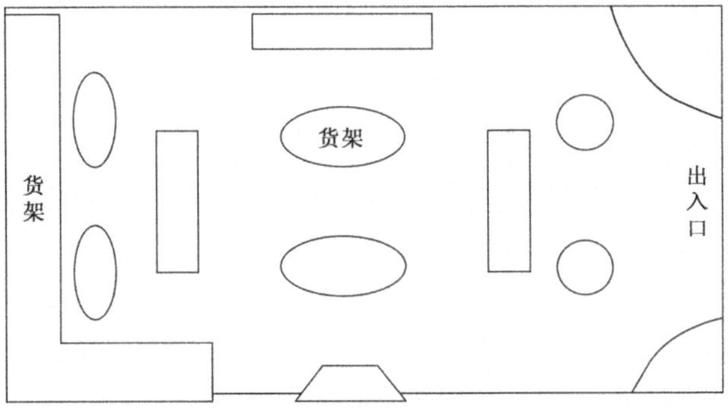

图 3-2 自由流动线的基本形式

3．店内空间色调处理

顾客进入店内的第一感觉就是色彩。精神上感到舒畅还是沉闷都与色彩有关。在店内部恰当地运用和组合色彩，调整好店内环境的色彩关系，对形成特定的氛围空间能起到积极的作用。在对店内进行空间色调处理时应把握好色泽的类别、深度和亮度。

（1）色泽的类别。

作为色泽的类别，人们按照各种颜色对人们造成的不同感受常分为暖色调和冷色调。暖色调主要有红色、黄色和橙色。而冷色调有蓝色、绿色和紫色。总体上暖色调给人一种舒适、随意的感觉，而冷色调给人一种比较严肃、正式的感觉，使人不太容易接近。然而只要应用得当，冷、暖色调均可创造出诱人的商业氛围。对于狭长的店堂来说，把两侧墙壁涂成冷色，里面的墙壁涂成暖色，就能给人以店堂宽敞的印象。相反，对于短宽的店堂来说，把两侧的墙壁涂成暖色，把里面的墙壁涂成冷色，能给人以店堂变大的印象。

红色是一种比较刺激的色彩，在使用过程中必须小心谨慎，它一般只用于强调色而不作为基本的背景颜色。作为一种用于着重特定部位的颜色，其效果往往不错。在元旦或春节及其他重要节日，红色是一种非常合适的展示色。

黄色与红色一样，也非常惹眼，并且容易造成视觉上的逼近感。对一些背景光彩较为暗淡的墙壁、标记等地区可以运用黄色。另外，黄色被认为是一种属于儿童的颜色，所以在装饰婴儿或儿童用具部时常用黄色。

橙色在空气中的穿透力仅次于红色，而色感较红色更暖，最鲜明的橙色应该是色彩中感受最暖的色，它使人联想到金色的秋天，丰硕的果实，是一种富足、快乐而幸福的颜色。现代社会中黄色往往作为标志色和宣传色，不过也是容易造成视觉疲劳的颜色。

一提起蓝色，常常与苍凉蔚蓝的天空和平静湛蓝的大海联系在一起。通过蓝色的添加能够创造一种恬静、极为放松的购物环境。蓝色常常被用作一种基本的色调，尤其是在男士用品部，代表一种深沉的力量。

绿色则表示清新的春天及和平安详的大自然，许多人认为它是一种最为大众广泛接受的颜色。另外，绿色的空间感较强，能让较小的空间显得更为宽阔。

紫色，高贵神秘的颜色，略带忧郁的色彩，让人不忍忘记的颜色。紫色在商店内景中用得较少，除非为了达到一些特殊效果。如果商店内部运用过多的紫色会挫伤顾客的情绪。

色彩的不同组合可以表现出不同的情感和气氛。为了表明“和谐美丽”，可以用对比色组合，如红与白、黑与白、蓝与白等。而要表现“优雅与稳重”，则可用同色不同深浅的颜色组合，如蓝紫色与浅蓝色、深褐色与浅褐色、绿色与浅绿色等。另外，色彩的对比与组合不同，商品及广告文字的醒目程度就不同。

（2）色泽的深度。

在色泽的深度上也应该仔细研究。通过各种色彩不同程度的合理运用，能让店内许多实物设施产生崭新的、更加吸引人的视觉效果。一般地讲，比较淡的颜色能产生一种放大的效果。而比较浓的颜色产生的效果则相反。例如，应用较浓的暖色调（如棕色）作为窄墙的基本色，而用较淡的冷色调作为宽墙的基本色都能创造较好的视觉效果。比较淡的中等色调（如灰色）常常用作固定设施的颜色，这种色调让人感觉到温暖柔软，并且保证其与商品能较为紧密地结合在一起。而较浓的颜色能够有效地吸引顾客的注意力。

（3）色泽的亮度。

色泽的亮度与深度一样也会在一定程度上让顾客对一些实物的大小形成错觉。明亮的颜色使人感觉到实物的硬度，而暗色则让人感觉较为柔软。作为一个普遍规则，儿童一般喜欢明亮的颜色，因而在儿童用品部经常使用这种颜色，而在成人商品部一般使用柔色调。

【案例3】

麦当劳快餐厅的装饰色

麦当劳快餐厅的色彩组合搭配（见图3-3），就是以暖色为主，它能创造出温暖、活跃、热烈的心理感受。这主要是基于吸引快餐店的主要顾客——青少年儿童考虑的。

图3-3 麦当劳快餐厅

4．用音乐刺激顾客购买欲

声音是零售企业气氛的重要组成部分。声音的种类和密度可对零售企业的气氛产生积极的影响，但是各种声响一旦超过一定限度，就会使顾客心情烦乱，注意力分散。因此，零售企业要善于区分音乐与噪声。

（1）积极的音响效果。

据调查表明，在零售企业里播放柔和、慢节拍的音乐，会使销售额增加 40%。快节奏的音乐会使顾客在店内流连的时间缩短，而导致购买的商品减少，这个秘诀早已被精明的零售企业经营者熟知。为改善和活跃店内的听觉环境，零售企业要控制噪声并多使用乐曲。

（2）利用音响，提示顾客。

在零售企业中，广播提示是十分必要的音响利用手段。这一方法尤其适用于零售店的促销活动期间，可以提醒顾客正在做促销，通过广播告知顾客促销的地点、促销的商品和促销的方法。因为大型零售企业里销售的商品品种多、场地大，顾客很难全面获得商品的信息，这时广播则是一种很好的方式。可以利用音响吸引顾客的注意；播放背景音乐，营造购物气氛；通过隔音设备和消音设备控制噪声。

（3）运用中的相关技巧。

零售店背景音乐的选择一定要结合零售企业的特点和顾客群体，以形成一定的风格。应注意音量高低的控制既不能影响顾客说话，又不能被店内外的噪声淹没。音乐的播放也要适时有度。如果音乐给顾客的印象过于嘈杂，使顾客产生不适感或注意力被分散甚至厌烦，不仅达不到预期效果，而且会适得其反。

乐曲的选择必须要适应顾客一定时期的心态。在炎炎夏日，店内播放涓涓流水和莽莽草原的悠扬乐曲，能使顾客在炎热中感觉到清新和舒适；在大拍卖时，就可以播放一些节奏较快、旋律较强劲的乐曲，使顾客产生抢购的冲动。

5．“气味”的妙用法

小贴士

美国仙爱尔芳香技术公司

据美国《时代》周刊介绍，使用芳香产品，让空气中充满诱人的气味，已经成了不少商家诱惑消费者掏钱购物的新方法；美国甚至出现了专门为商店设计气味的公司。美国仙爱尔芳香技术有限公司是全球公认的香味传递解决方案的领袖。

在全美范围的索尼店都用的是“仙爱尔”产品，为他们的专卖店创造了一种具有标志性的香味。在鉴别了数种备选香气之后，索尼店选择的是结合了柑橘与香草，还有一些其他的香味组成的香料。

索尼公司的高级创意总监说道：“我们独有的香味散发着积极向上的热情，并令人印象深刻。我们很高兴得到顾客的一致好评。”

在零售店里，宜人的气味通常对人们产生积极的影响。空气污浊、有异味的商店，顾客不会久留；而在清新、令人心旷神怡的环境中购物，则会使顾客得到美的享受。零售店内部根据经营的商品特征，适宜地散发出一些宜人的气味，能使顾客在购买活动中精神爽快、心情舒畅。所以说，气味也是刺激消费不可缺少的“添加剂”。

一般情况下，巧克力、新鲜面包、橘子、玉米和咖啡等，这些气味对增进人们的愉快心情是有帮助的。花店中的花香气味、皮革店中的皮革气味、茶叶店中的清香气味等，均是与这些商品相协调的。反过来，不协调的气味则会使人反感，有赶走顾客的副作用。

商店要有良好的通风设备；采用空气过滤设备，定期释放些芳香气味；对商品应经常检查，以防霉烂变质，散发不良味道；要防止商品相互串味，不同味道的商品要隔离布置，避免相互影响，如化妆品柜台应与食品柜台隔离，茶叶柜台应与香皂、洗衣粉等日用品隔离。各种商品的气味要与顾客的嗅觉限度相适应。如果商店新开张或刚进行装修，有很大异味但在短时间内无法消除时，商店应以在店内张贴说明或告示牌的形式，向顾客说明情况并表示歉意。

6. 商品陈列的技巧

（1）商品吸引力倍增的陈列法。

不同的零售店间，相同商品的陈列也各有不同。商品陈列是随着时间和季节等外部环境的变化而变化的，一成不变的商品陈列根本无法吸引目标消费群体的目光。变化商品陈列是零售店能够取得良好销售业绩的途径之一，它会为零售店的日常经营带来活力。检查一项商品陈列成功的唯一标准，是商品的销售业绩。

① 将现有商品集中堆放以凸显气势。

② 正确贴上价格标签。

③ 完成陈列工作后，故意拿掉几件商品，一来方便顾客取货，二来造成产品销售良好的迹象。

④ 陈列时将本企业产品与其他品牌的产品明显地区分开来。

⑤ 配合空间陈列，充分利用广告宣传品吸引顾客的注意。

⑥ 可以运用整堆不规则的陈列法，既可以节省陈列时间，也可以产生特价优待的意味。

小贴士

7-11 店铺陈列管理

7-11 店铺内的商品一般为 3000 多种，店铺营业面积一般为 100 平方米，每天的客流量有 1000 多人，每 3 天就要更换 1518 种商品。商品的陈列管理在零售店经营中的地位显得十分重要。

在商品陈列管理上，7-11 店每周都会有一本至少 50 多页的陈列建议彩图。其内容包括张贴画的设计，新商品的摆放、设置等，其目的在于提高各零售店的商品陈列水平。每年春秋两季还要举办商品展示会，向各家零售店展示标准化的商品陈列方式。参加这种展示会的只能是 7-11 店的售货员和各加盟店的售货员，展示会会提出 7-11 半年内的商品陈列和发展战略。此外，7-11 店还按月、按周对商品陈列进行指导。如圣诞节来临之际，圣诞商品的陈列、店铺如何装修等都是在总部指导下进行的。

（2）艺术化商品陈列法。

近几年来，各大商场都在重新装修，提高商品展示环境的质量。各小型零售店也挖空心思来装点门面，布置极富艺术的商品陈列，以提高商品销售量。聪明的商家在商品陈列上总是尽可能充分地展示商品的美。

服装、珠宝及K金饰品类商品在展示外在美方面的表现最为突出，其陈列效果与销售的关系也最为密切。一件高档时装，如果把它很随意地挂在普通衣架上，其高档次就显现不出来，顾客就可能看不上眼。如果把它“穿”在模特身上，用射灯照着，再配以其他的衬托和装饰，其高雅的款式、精细的做工就很清楚地呈现在顾客面前，顾客就很容易为之所动。又比如金银饰品，如果把它放在普通铝合金柜台内，灯光暗淡，对顾客购买欲的刺激就会大打折扣。如果把它放在高贵典雅的柜台内，再以高级天鹅绒作商品铺垫，柔和的灯光照着，使K金光华四射，宝石熠熠生辉，这对顾客是一种什么刺激不难想象。

（3）显而易见的商品陈列法。

在商品陈列的过程中，要使顾客一眼能看到商品并且看清商品，就必须注意陈列商品的位置、高度、商品与顾客之间的距离，以及商品陈列的方式等因素。通常，人们无意识的观望高度为0.7～1.7米，上下幅度为1米，通常与视线大约呈30°角范围内的物品最易引人注目，这就需要零售店根据消费者的观望高度与视角，在有限的空间里将商品陈列于最佳位置。

不应出现有顾客看不到的地方或出现有商品被其他东西遮挡的情形。要做到使顾客一下就能看到，必须符合以下条件：贴有价格标签的商品正面要面向顾客；每一种商品都不能被其他商品挡住视线；敞开式销售方式的货架下层不易看清陈列商品．可以采用倾斜式陈列。陈列法的主要目的，在于造出“先声夺人”之势，即将商品全方位地展现给顾客。

练习与实训

一、单项选择题（从四个选项中选择一个正确答案）

1．按在商品流通中所处地位和作用，企业可分为批发企业和（　　）。

A．国有独资企业　　B．集体所有制企业

C．股份有限责任公司　　D．零售企业

2．内部以百货店或大型综合超市作为核心店，各种专业店、专卖店、餐饮、娱乐设施共同构成的零售业态是（　　）。

A．便利店　　B．折扣店　　C．百货店　　D．购物中心

3．商品平均价格低于市场平均水平，自有品牌占有一定比例的零售业态是（　　）。

A．便利店　　B．折扣店　　C．百货店　　D．购物中心

4．不属于无店铺零售业态的是（　　）。

A．网上商店　　B．自动售货亭　　C．电话购物　　D．便利店

5．（　　）是零售企业经营成功的奥秘所在。

A．企业的规模　　B．企业提供的良好服务

C．企业商品的档次　　D．企业提供的购物环境

6．据调查，顾客对零售企业卖场布局最为关心的是（　　）。

A．开放式，容易进入　　B．购物环境清洁明亮

C．服务人员的态度　　D．商品标价清楚

7．对店内进行空间色调处理时应把握好色泽的（　　）。

A．类别　　B．深度　　C．亮度　　D．以上所有

8．增加商品吸引力的陈列方式有（　　）。

A．将现有商品集中堆放以凸显气势

B．配合空间陈列，充分利用广告宣传品吸引顾客的注意

C．陈列时将本企业产品与其他品牌的产品明显地区分开来

D．以上所有

9．在商品陈列中，要使顾客一眼就能看到商品并且看清商品，就必须注意（　　）。

A．陈列商品的位置和高度　　B．商品陈列的方式

C．陈列商品与顾客之间的距离　　D．以上所有

二、判断题（正确的打"√"，错误的打"×"）

1．商业企业按所有制形式分类，可分为公有制商业企业和非公有制商业企业。（　　）

2．批发企业是以大宗的、整批的交易批量，供应零售企业或其他批发企业用于交易，或者供应生产企业用于进一步加工并销售的商业企业。它处于商品流通的终点环节。（　　）

3．百货店位于城市繁华区的交通要道或郊区重要地段，以追求时尚和品位的流动顾客为主。（　　）

4．零售企业是以商品直接供应居民用于生活消费或供应集团单位用于非生产和生活消费的商业企业。（　　）

5．据调查表明，在零售企业里播放慢节奏的音乐会使顾客在店内流连的时间缩短，而导致购买的商品减少。（　　）

6．在大拍卖时，零售企业可以播放一些节奏较快、旋律较强劲的乐曲，使顾客产生抢购的冲动。（　　）

7．通常与视线大约呈 30° 角范围内的物品最易引人注目，这就需要零售店在有限的空间里将商品陈列于最佳位置。（　　）

8．敞开式销售方式的货架下层不易看清陈列商品，可以采用倾斜式陈列。（　　）

三、简答题

1．简述零售企业的特点。

2．简述零售企业内部设计的要点。

3．运用所学知识简述家乐福成功的秘籍。

单元4 商品知识

学习目标

1. 掌握商品的概念；
2. 了解商品不同层次的分类；
3. 了解各类商品的编码；
4. 掌握商品的标志标注。

【案例】

麦琪的礼物

有一对贫穷的美国夫妻，他们非常恩爱。夫妇俩各有一件特别自豪的东西，一是丈夫吉姆三代祖传的金表，另一样是妻子德拉的秀发。德拉的秀发披散在身上，微波起伏，闪耀光芒，有如那褐色的瀑布。她的美发长及膝下，仿佛是她的一件长袍。

有一年，他们都打算送对方一个圣诞礼物。德拉想着吉姆祖传的金表没有表链，送个表链给吉姆吧！而吉姆想着德拉整天辛苦做家务，漂亮的秀发从来没有装扮过，应该送一个漂亮的发卡给德拉。可是家里的全部积蓄只有一元八角七分钱。到了圣诞节，德拉剪断自己的秀发将其变卖，给吉姆买了一条镂刻着花纹的白金表链；而吉姆把手表变卖后，给德拉买回了一套纯玳瑁做的，边上镶着珠宝，和她那秀发相配的精美发卡。

他们都收到了精美的圣诞礼物，但却无法使用……

故事令人伤感，但是从这个故事中却能发现一个事实：在我们的生活中，很多物品是需要花钱购买的。如商品房、汽车，还有书包、课本等。而有些物品却不需要购买，如空气、小石头等。这是为什么呢？

一、商品的概念

商品是指用来交换，并能满足人们的某种消费需要的劳动产品。商品是一种特指范畴的产品。

1. 商品是劳动的产物

商品首先是劳动的产物。商品是由人们的劳动创造出来的，这种产品可以是有形的，也可以是无形的。有形商品通常是需要人们经过设计、加工、制作等一系列劳动而产生的产品。这里特别强调指出，它必须是经过劳动而获得的。无形商品多半在服务行业，如知识、技术等。

动脑筋

德拉漂亮的秀发是商品吗？某些天然的物品，如空气、自然水、沙石等，它们是商品吗？如果将河沙挖出后，装袋或装车出售用来做建筑材料，是否构成商品？

2. 商品能满足人们和社会的某种需要

商品能满足人们和社会的某种需要是指商品的使用价值，即商品的有用性。商品如果不能满足人们明确需要或隐含需要就失去了其使用价值。失去了使用价值的劳动产品，如废弃、假冒的劳动产品，不能算做商品。

3. 商品必须用于交换

为自己消费而生产的产品不是商品，为他人生产的产品，如不经交换也不是商品。因为这类劳动产品，只有使用价值，不能体现货币交换形式。商品是供他人或社会消费，而不是供生产者或经营者自身消费的劳动产品。商品是通过交换的劳动产品，也就是说，商品必须进入市场，并受市场规律的制约，如价值规律、供求规律、竞争规律等。

动脑筋

手工业者自产自用的手工艺品，农民自产自用的农副产品，是商品吗？

二、商品的分类及编码

某商场商品经营分类实例：某中型商场三楼有 4 个柜组，分别是电讯器材柜组、文教用品柜组、现代办公用品柜组和小家电柜组。商品经营分类如表 4-1 所示。

表 4-1 商品经营分类

柜组名称	经营商品品种
电讯器材	彩电、VCD、DVD、家庭影院、功放、话筒、背投、音箱、组合音响
文教用品	学生用品、计算器、掌上电脑、办公用品、保险柜、文件柜
现代办公用品	体育用品、乐器、钢琴、电话、手机、健身器材、按摩器
小家电	收录机、收音机、随身听、照相机、照相器材、相册、胶卷、复读机、助听器、电线、电池

从表 4-1 中可知，该商场 4 个柜组，各自经营的商品都有与柜组名称不符的地方，实际是与柜组分工情况不相符，这给店内管理和顾客选购商品都带来了不便。所以科学的商品分类对企业的经营起着重要的作用。

1. 商品分类的概念

商品分类是指根据一定的目的，为满足商品生产、流通、经济管理及人们生活需要，选择适当的分类标志或特征，将商品科学地、系统地逐层逐级划分，直至最小单元的过程。不同国家、不同历史阶段，商品所包括的范围并不完全相同。因此，商品分类的对象也不尽相同，商品分类的层次也不一样。目前我国通常将商品分成大类、中类（商品品类）、小类（商品品种）、细目四级。

（1）大类。商品大类体现商品生产和流通领域的行业分工，既要同生产行业对口．又要同流通组织相适应。如根据生产和流通的需要，商品可分为五金类、交电类、化工类、日用百货类、针织纺织类、钟表文化类、食品类和水产类等。

（2）中类（商品品类）。中类即商品品类也称商品组别，是对大类商品的进一步组别划分，体现具有若干共同性质或特征商品的总称。如食品类商品又可分为蔬菜和果品、肉和肉制品、乳和乳制品、蛋和蛋制品、食糖、茶叶和酒类等。

（3）小类（商品品种）。小类即商品品种，是对中类商品的进一步划分，体现具体的商品名称。如按商品的性能、成分等方面的特征来划分，酒类商品分为白酒、啤酒、黄酒、葡萄酒、果酒及其他酒等。

（4）细目。细目是对商品品种的详尽区分，包括商品的规格、花色、等级等，更具体地反映商品的特征，如53° 飞天牌茅台酒、60° 高杯牌五粮液和12° 长城牌民权白葡萄酒等。

牛刀小试

请同学们课外调查商场和超市的商品分成哪些大类、中类、小类和细目。

2. 商品的编码

商品编码又称商品代码、商品编号、商品代号，是指赋予某种商品或某类商品的代表符号。符号可以由字母、数字和特殊标志组成。

商品科学分类是建立商品分类体系和编制商品目录的基础，是科学编码的前提。同时，商品编码又是商品分类体系和商品目录的重要组成部分，是进行商品科学分类的一种手段。因此，商品编码与商品分类密切相关，分类在先，编码在后，在实践中也称为商品分类编码。

商品编码按其所用的符号类型分为数字代码、字母代码、字母数字混合代码和条形码四种。在商品分类编码中，普遍采用的是数字代码和条形码。这里只介绍条形码。

知识链接

条形码

条形码是将宽度不等的多个黑条和空白，按照一定的编码规则排列，用以表达一组信息的图形标志符。常见的条形码是由反射率相差很大的黑条和白条排成的平行线图案，可以标出物品的生产国、制造厂家、商品名称、生产日期、图书分类号、邮件起止地点、类别、日期等许多信息，因而，条形码在商品流通、图书管理、邮政管理、银行系统等许多领域都得到了广泛的应用，如图4-1所示。

图4-1 条形码

3. 商品条形码

目前，世界上许多国家都在使用商品条形码，只要将条形码对准光电扫描器，计算机就能自动识别条形码的信息，确定商品名称、品种、数量、生产日期、制造厂商、产地等，并据此在数据库中查询其单价，进行货款结算，打出购货清单，这就有效地提高了结算的效率和准确性，也方便了顾客。商品条形码是快速准确地进行物流控制的现代化手段。没有条形码的商品难以在国际市场上流通，也不能进入超市。

条形码自问世以来，为适应多种需要，产生了众多的编码系统。但目前得到国际公认用于商品包装中的主要有两种，即 UPC 和 EAN。这两种编码系统属同一类型，每个字符均由数条黑白相间的条纹组成。中间有两条窄条纹向下伸出少许，将条形码分成左右两部分。这两种条形码虽然只能表示 0～9 十个数字，但具有高度的查核能力，扫描操作简单可靠。由于国际上存在这两种编码系统，因此，我国产品销往美国、加拿大使用 UPC 码，而出口到其他国家和地区则需使用 EAN 码。

（1）UPC 条形码。如图 4-2 所示，UPC 条形码（Uniform Product Code，UPC）是由美国和加拿大共同组织的“统一编码委员会”选定，以 IBM 公司提供的技术为基础，作为美国、加拿大产品统一的标志符号。

UPC 条形码由 11 位数字的通用产品代码和 1 位校验码组成。产品代码的第 1 位数字为编码系统字符；中间 5 位数字为制造商号，后 5 位数字为产品代码。

（2）EAN 条形码。如图 4-3 所示，EAN 条形码是欧共体的“欧洲物品编码协会”（European Article Numbering Association，EAN）吸取了 UPC 的经验而确立的物品标志符号。该协会于 1977 年改名为“国际物品编码协会”（International Article Numbering Association）。迄今为止，使用 EAN 条形码的该协会成员国已有数十个，除欧洲外，亚洲许多国家也使用此码，我国于 1991 年 7 月参加该协会。EAN 条形码有标准码（EAN-13）和缩短码（EAN-8）两种形式。

图 4-2 UPC 条形码

EAN-13 EAN-8

图 4-3 EAN 条形码

① 准码（EAN-13）如图 4-4 和图 4-5 所示。

由 13 位数字构成的条码称为标准码，我国标准码的 13 位数字构成分两种情况。

Ⅰ. 690、691 打头的条码，由 7 位厂商识别代码（包含 3 位前缀码）、5 位商品项目代码及 1 位校验码构成，如图 4-4 所示。

Ⅱ. 692～695 打头的条码，由 8 位厂商识别代码（包含 3 位前缀码）、4 位商品项目代码及 1 位校验码构成，如图 4-5 所示。

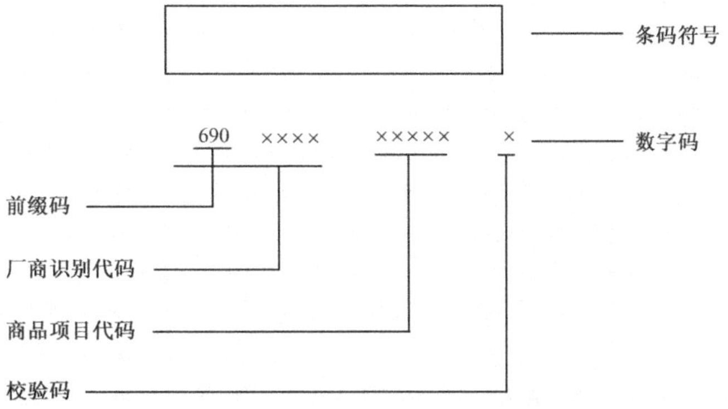

图 4-4 我国 EAN-13 条码结构示意图（1）

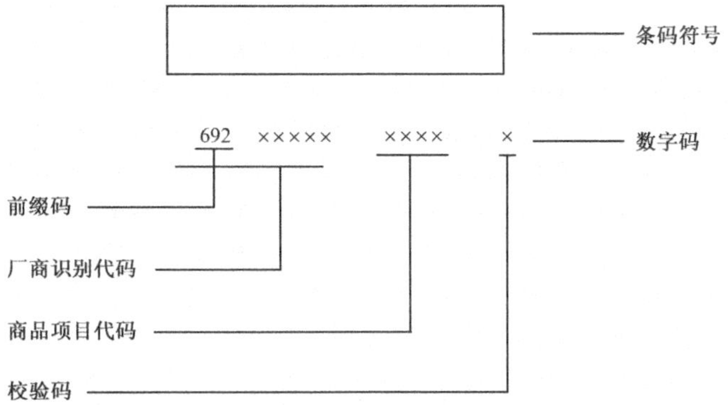

图 4-5 我国 EAN-13 条码结构示意图（2）

知识链接

EAN-13 的代码结构

EAN-13 的代码结构由前缀码、厂商识别代码、商品项目代码和校验码组成。

厂商识别代码的左起三位是国际物品编码协会分配给中国物品编码中心的前缀码。厂商识别代码是中国物品编码中心统一分配给申请厂商的代码。

商品项目代码由厂商根据商品条码编码唯一性原则自行分配。对同一商品项目的商品应分配相同的商品项目代码，对不同商品项目的商品应分配不同的商品项目代码。

校验码是用来校验编码正误的。

2010 年亚运会指定运动饮料——听装健力宝的条码为 6901010116665，其中 690 代表我国 EAN 组织，1010 代表广东健力宝公司，116665 是听装健力宝的商品代码。这样的编码方式就保证了无论在何时何地，6901010116665 都唯一地表示该种商品。

动脑筋

你知道校验码如何来校验商品条形码中左起第 1 ~ 12 位数字代码的正确性吗？找一个商

品条形码，用下面的公式算一算。

偶数位代码之和×3　　①式

奇数位代码之和　　②式

①式+②式　　③式

10-③式中的个位数= 校验码

② 缩短码（EAN-8）如图 4-6 所示。

由 8 位数字构成的条码称为缩短码，只有当标准码尺寸超过总印刷面积的 25%时．才允许申报使用缩短码。

以中国商品为例，缩短码的 8 位数字是由 3 位前缀码、4 位商品项目代码和 1 位校验码构成的。

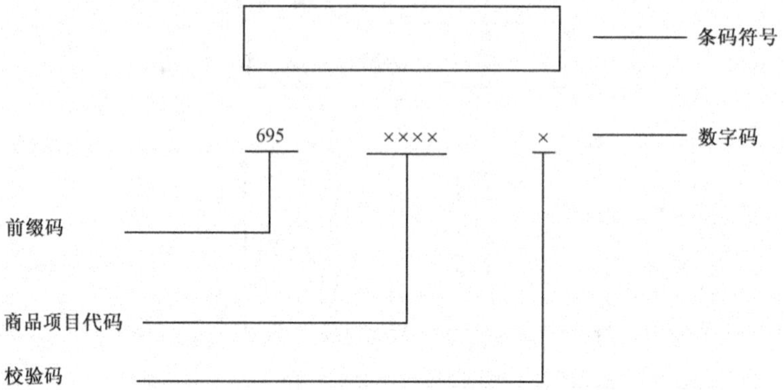

图 4-6　我国 EAN -8 条码结构示意图

知识链接

国际物品编码协会已分配的前缀码如表 4-2 所示。

表 4-2　国际物品前缀码

前缀码	编码组织所在国家（或地区）/应用领域	前缀码	编码组织所在国家（或地区）/应用领域
000～019 030～039 060～139	美国	627	科威特
020～029 040～049 200～299	店内码	628	沙特阿拉伯
050～059	优惠券	629	阿拉伯联合酋长国
300～379	法国	640～649	芬兰
380	保加利亚	690～695	中国
450～459 490～499	日本	741	萨尔瓦多
460～469	俄罗斯	742	洪都拉斯
470	吉尔吉斯斯坦	743	尼加拉瓜

续表

前缀码	编码组织所在国家（或地区）/应用领域	前缀码	编码组织所在国家（或地区）/应用领域
471	中国台湾	744	哥斯达黎加
477	立陶宛	754～755	加拿大
486	格鲁吉亚	780	智利
487	哈萨克斯坦	784	巴拉圭
489	中国香港特别行政区	786	厄瓜多尔
500～509	英国	789～790	巴西
520	希腊	800～839	意大利
530	阿尔巴尼亚	858	斯洛伐克
531	马其顿	859	捷克
535	马其他	860	南斯拉夫
539	爱尔兰	865	蒙古
540～549	比利时和卢森堡	867	朝鲜
570～579	丹麦	880	韩国
600、601	南非	890	印度
603	加纳	893	越南
608	巴林	899	印度尼西亚
609	毛里求斯	900～919	奥地利
616	肯尼亚	955	马来西亚
618	象牙海岸	958	中国澳门特别行政区
619	突尼斯	977	连续出版物
621	叙利亚	978、979	图书
622	埃及	980	应收票据
624	利比亚	981、982	普通流通券
625	约旦	990～999	优惠券
626	伊朗		

知识链接

出版物使用的条形码

出版物使用的条形码（见图 4-7）是 EAN-13 条码。ISBN 系统图书专用条码的前缀码是“978”，ISBN 系统期刊条码的前缀码是“977”。出版物条码一般印刷在图书（期刊）的封底（或护封）左下角，条的方向与书脊平行（或垂直），也可根据需要将条码印在书封二左下角，书脊在右时，一般应将条码印在封底（或护封）右下角，条的方向与书脊平行（或垂直），也可将条码印在封二右上角。

ISBN 978-7-80758-192-5

9 787807 581925 >

图 4-7 出版物条形码

三、商品包装及标志标注

1. 商品包装

商品包装是商品生产的继续，凡需要包装的商品，只有通过包装，才算完成生产过程，商品才能进入流通领域和消费领域，实现商品的使用价值和价值。这是因为，包装是保护商品在流通过程中质量完好和数量完整的重要措施，有些商品甚至根本离不开包装。商品与包装是不可分割的统一体。

以包装在商品流通中的作用为分类标志，可分为运输包装和销售包装。

（1）运输包装。运输包装是指用于安全运输、保护商品的较大单元的包装形式，又称为外包装或大包装，如纸箱、木箱、桶、集合包装、托盘包装等。运输包装一般体积较大，外形尺寸标准化程度高，坚固耐用，广泛采用集合包装，表面印有明显的识别标志，主要功能是保护商品，方便运输、装卸和储存。运输包装箱如图 4-8 所示。

图 4-8 运输包装箱

（2）销售包装。销售包装（见图 4-9）是指以一个商品作为一个销售单元的包装形式或若干个单体商品组成一个小的整体销售包装，也称为大包装或小包装。销售包装的特点一般是包装件小，对包装的技术要求为美观、安全、卫生、新颖、易于携带，印刷装潢要求较高。销售包装一般随商品销售给顾客，起着直接保护商品、宣传和促进商品销售的作用，同时，也起着保护优质名牌商品，以防假冒的作用。

图 4-9 销售包装

小贴士

商品包装业环保化

据《第一财经日报》报道，一项来自商务部的统计称，中国每年有近 240 亿美元的出口商品因达不到包装要求而受影响，其中相当一部分是由于包装不符合绿色要求造成的。鉴于此，国家发展改革委员会已制定部分政策，实施六项包装行业新行业标准，以促进商品包装业环保化进程的加快。

2．商品标志标注知识

为了规范产品标志，引导企业正确地标注产品的标志，明示产品质量信息，保护企业、用户、消费者的权益，国家技术监督局制定了《产品标识标注规定》，此规定已成为商品标志标注的法律依据。

商品标志是指为识别产品及其质量、数量、特征、特性和使用方法所做的各种表示的统称，是生产者为使产品区别于其他商品生产者的产品而赋予本单位产品的一种标记，也是由国家、行业、专门组织及协会对生产者产品的有关特性（如质量参数、服务及其他）的专门认可标记。标记的常见表现形式为图形、文字、数字、符号及其他。

收银员在日常生活中应注意收集、掌握各种常见商品标志，特别是自己经营的商品，必须熟悉其标志的图案、数字、符号的内涵，能够很快地进行识别。常见的商品包装标志主要有以下几种。

（1）国家免检产品标志。获得国家免检产品标志的条件是：产品质量长期稳定，企业有完善的质量保证体系，市场占有率高，经济效益在本行业内排名前列，产品标准达到或严于国家标准要求，产品经省级以上质量技术监督部门连续三次以上监督检查均为合格，产品符合国家有关法律、法规和国家产业政策。国家免检产品标志如图 4-10 所示。

图 4-10　国家免检产品标志

知识链接

停发所有食品生产企业国家免检资格

国家质检总局 2008 年 9 月 17 日发布公告，决定从即日起，停止所有食品类生产企业获得的国家免检产品资格，相关企业要立即停止其国家免检资格的相关宣传活动，其生产的产品和印制在包装上已使用的国家免检标志不再有效。公告称，鉴于近期石家庄三鹿集团股份有限公司生产的婴幼儿配方乳粉发生重大食品安全事故，部分企业生产的个别批次的婴幼儿配方乳粉检出不同含量的三聚氰胺，考虑到食品的特殊性和导致食品安全事故因素的复杂性，为进一步加大食品生产企业的监管力度，确保食品安全，切实维护消费者利益，经研究决定，停止实行食品类生产企业国家免检。

（2）3C 标志。所谓 3C 标志（认证），就是中国强制性产品认证制度，英文名称 China Compulsory Certification，英文缩写 CCC。

3C 认证制度是我国政府按照世贸组织有关协议和国际通行规则，为保护广大消费者人身和动植物生命安全、保护环境、保护国家安全，依照法律、法规实施的一种产品合格评定制度。主要特点是：国家公布统一目录，确定统一适用的国家标准、技术规则和实施程序，制定统一的标志，规定统一的收费标准。凡列入强制性产品认证目录的产品，必须经国家指定的认证机构认证合格，取得相关证书并加施认证标志后，方能出厂、进口、销售和在经营服务场所使用。3C 认证标志如图 4-11 所示。

（3）生产许可证标志。国家规定，企业必须在其产品或者包装、说明书上标注生产许可证标志和编号。销售和在经营活动中使用列入目录产品的企业，应当查验产品的生产许可证标志和编号。

工业产品生产许可证标志由“质量安全”（英文名 Quality Safety）字头（QS）和“质量安全”中文字样组成。产品加贴 QS 标志后有两点含义：一是表明该产品的生产加工企业经过了质监部门严格的审查，并经发证检验合格后取得了生产许可证，准予加贴“QS”标志；二是表明企业承诺其产品经检验合格，符合质量安全的基本要求。质量安全标志如图 4-12 所示。

图 4-11　3C 认证标志

图 4-12　质量安全标志

小贴士

QS 标志已不单纯是食品安全市场准入标志

我国的 QS 标志以往主要用于食品质量安全领域。不过，自 2005 年 9 月 1 日起，将化妆品、眼镜等工业产品也加入“QS”的行列中，进行严格监管。从外形看，该标志与食品 QS 标志一样，唯一不同之处在于编号。也就是说，QS 标志已不单纯是食品安全市场准入标志，也是工业产品生产许可证标志了，对于贴有 QS 标志的化妆品，消费者可放心使用。

（4）绿色食品认证标志。绿色食品标志是中国绿色食品发展中心在国家工商行政管理局商标局注册的质量证明商标，用以证明绿色食品无污染、安全、优质的品质特征。

绿色食品分为 A 级和 AA 级两类。这两类的主要区别是：A 级绿色食品在生产过程中允许限量使用限定的化学合成物质。AA 级绿色食品在生产过程中不使用任何有害化学合成的农药、肥料、食品添加剂、饲料添加剂、兽药及有害于环境和人体健康的生产资料物质。绿色食品认证标志如图 4-13 所示。

（5）中国名牌产品认证标志。中国名牌产品是由中国名牌战略推进委员会评选出来的，该称号的有效期为三年。凡荣获中国名牌产品称号的产品按国家有关部门的规定免于各地区、各部门各种形式的质量监督检查，对符合出口免检条件的依法予以优先免检，并自动列入“打击假冒，保护名优”活动中重点保护名优产品的范围。中国名牌产品认证标志如图 4-14 所示。

图 4-13　绿色食品认证标志

图 4-14　中国名牌产品认证标志

牛刀小试

请同学们课外找一找，商品上还有哪些其他的标志？

练习与实训

一、单项选择题（从四个选项中选择一个正确答案）

1．下列物品属于商品的是（　　）。

A．自产自用的蔬菜　　B．报废的劳动产品

C．江河中的沙石　　D．商场销售的童装

2．不属于商品必须满足的条件是（　　）。

A．劳动产物　　B．有用性　　C．用于交换　　D．有形

3．（　　）是对商品品种的详尽区分，包括商品的规格、花色、等级等，更具体地反映商品的特征。

A．大类　　B．中类　　C．小类　　D．细目

4．在商品分类编码中，普遍采用的是条形码和（　　）。

A．数字代码　　B．字母代码

C．字母数字混合代码　　D．符号代码

5．条形码表达有关商品的一系列信息包括（　　）。

A．制造厂商　　B．商品名　　C．品种　　D．以上所有

6．商品条形码中前缀码为 489 的国家或地区是（　　）。

A．美国　　B．英国　　C．中国香港　　D．哈萨克斯坦

7．销售包装的特点一般是包装件小，对包装的技术要求是（　　）。

A．美观　　B．保护商品　　C．坚固耐用　　D．方便装卸

8．不是获得国家免检产品标志的条件的是（　　）。

A．产品质量长期稳定

B．产品经省级以上质量技术监督部门连续两次以上监督检查均为合格

C．市场占有率高

D．产品符合国家有关法律、法规和国家产业政策

二、判断题（正确的打“√”，错误的打“×”）

1．商品编码按其所用的符号类型分为数字代码、字母代码、字母数字混合代码和条形码四种。（　　）

2．只有当标准码尺寸超过总印刷面积的15%时，才允许申报使用缩短码。（　　）

3．我国产品销往美国、加拿大应使用EAN码，而出口到其他国家和地区则需使用UPC码。（　　）

4．EAN条码显示为6921317905168，其数字代码输入是错误的。（　　）

5．我国的QS标志现在只用于食品质量安全领域。（　　）

6．所谓3C认证就是中国强制性产品认证制度。（　　）

7．AA级绿色食品在生产过程中允许限量使用限定的化学合成物质。（　　）

三、简答题

1．请根据商品的定义回答下面的问题：故事“麦琪的礼物”中妻子的秀发在未变卖之前是不是商品？妻子的秀发拿去变卖时，秀发是商品吗？夫妻两人每天所享受的阳光、空气是不是商品，如果不是它又应该叫做什么？

2．农夫山泉源出于千岛湖水面下70米，长年水温12℃，天然清纯，味道甘冽，富含多种矿物质，经过十三道工序加工而成。运用商品知识分析天然千岛湖水、采集来的千岛湖水、超市里的农夫山泉有何不同？

3．简述商品包装的分类及作用。

模块3　票款结算知识

每天都要面对大量红红绿绿的中外钞票；每天都要面对各种五彩缤纷的银行卡和支付宝。

我们收银员必须有一双能识别真假钞票的火眼金睛，还要有一双能够熟练操作银行卡和支付宝的灵巧的手，不然怎么履行我们的收银职责？

移动支付，也称为手机支付，是指交易双方为了某种商品或者服务，以移动终端设备为载体，通过移动通信网络实现的商业交易。移动支付所使用的移动终端可以是手机、PDA、移动PC等。

同学们，学习财经知识和掌握财经技能是必需的，让我们投入到学习中去吧！

单元5 票款结算

学习目标

1．掌握支票审验的内容及要求；
2．掌握办理支票的程序；
3．掌握发票开具的具体要求。

【案例1】

空头支票

有一天，一位其貌不扬的中年男士，带着一位十分艳丽的OL，来到Causeway Bay一家LV店。他为OL选了一价值65000元的LV手包。

付款时，男士掏出支票本，十分潇洒地签了一张支票。收银员有些为难，因为这对夫妇是第一次来店购物。

男士看穿了收银员的心思，十分冷静地对收银员说："我感觉到，您担心这是一张空头支票，对吗？今天是周六，银行关门。我建议您把支票和手包都留下。等到星期一支票兑现之后，再请你们把手包送到这位小姐的府上。您看这样行不行？"

收银员放心了，欣然接受这个建议，并且大方地承诺：递送手包的费用由该店承担，他本人将会亲自把这件事情给办妥。

星期一，收银员拿着支票去银行入账，支票果真是张空头支票！

【案例分析】

收银员的处理符合验审支票的程序和内容要求，避免了可能发生的损失。

一、支票的使用

（一）支票基础知识

1．支票的定义

支票（Check）是出票人签发，委托办理支票存款业务的银行或者其他金融机构在见票时无条件支付确定的金额给收款人或持票人的票据。

2. 支票的种类

常见支票有现金支票和转账支票。现金支票只能用于支取现金；转账支票只能用于转账，不得支取现金。图 5-1 所示为现金支票。图 5-2 所示为现金支票存根。图 5-3 所示为现金支票背面。图 5-4 所示为转账支票。图 5-5 所示为转账支票背面。

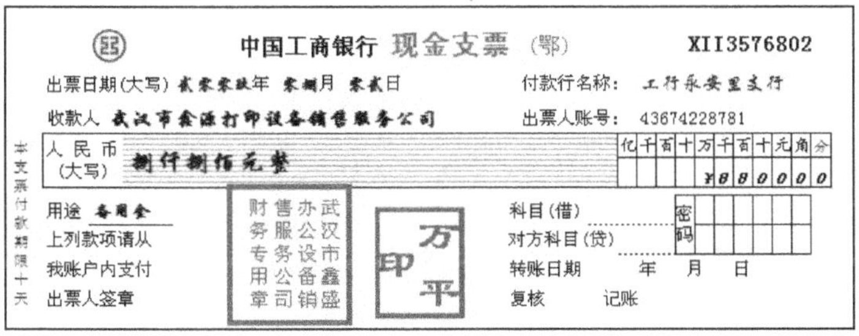
中国工商银行 现金支票 (鄂) XII3576802
出票日期(大写) 贰零零玖年 零捌月 零贰日 付款行名称：工行永安里支行
收款人 武汉市鑫源打印设备销售服务公司 出票人账号：43674228781
本支票付款期限十天
人民币(大写) 捌仟捌佰元整 亿千百十万千百十元角分 ¥880000
用途 备用金
上列款项请从
我账户内支付
出票人签章
财务专用章 售服务公司 办公设备销售 武汉市鑫盛
印 万平
科目(借)
对方科目(贷)
密码
转账日期 年 月 日
复核 记账

图 5-1 现金支票

中国工商银行
现金支票存根
支票号码 XII3576802
科 目
对方科目
签发日期 年 月 日
收款人：
金 额：
用 途：
备 注
单位主管 会计

图 5-2 现金支票存根

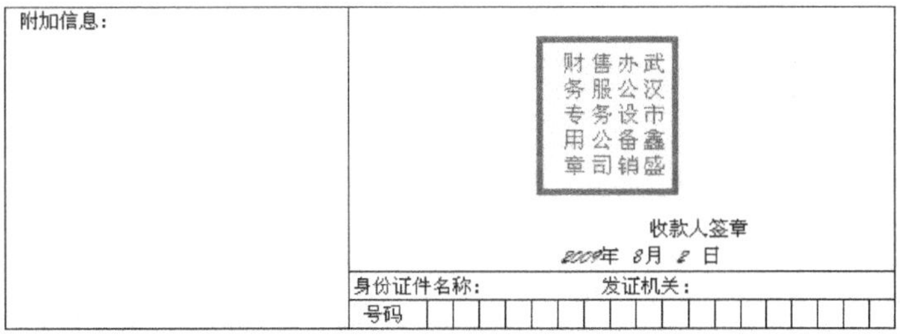
附加信息：
财务专用章 售服务公司 办公设备销售 武汉市鑫盛
收款人签章
2009年 8月 2 日
身份证件名称： 发证机关：
号码

图 5-3 现金支票背面

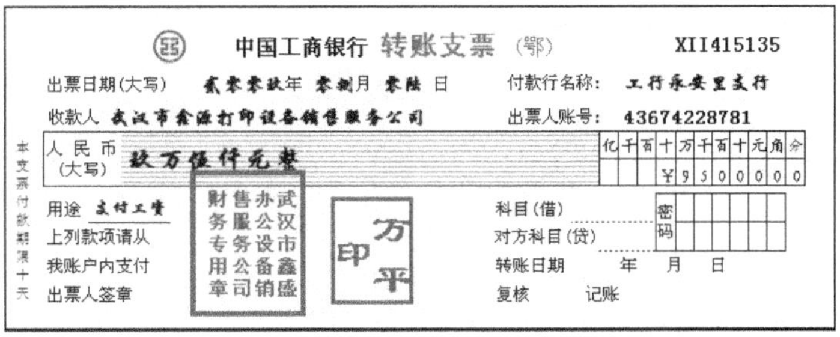
中国工商银行 转账支票 (鄂) XII415135
出票日期(大写) 贰零零玖年 零捌月 零陆 日 付款行名称：工行永安里支行
收款人 武汉市鑫源打印设备销售服务公司 出票人账号：43674228781
本支票付款期限十天
人民币(大写) 玖万伍仟元整 亿千百十万千百十元角分 ¥9500000
用途 支付工资
上列款项请从
我账户内支付
出票人签章
财务专用章 售服务公司 办公设备销售 武汉市鑫盛
印 万平
科目(借)
对方科目(贷)
密码
转账日期 年 月 日
复核 记账

图 5-4 转账支票

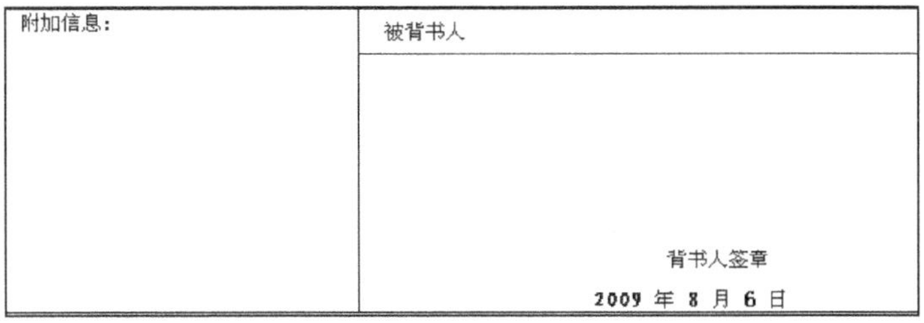
附加信息：
被背书人
背书人签章
2009 年 8 月 6 日

图 5-5 转账支票背面

（二）支票的填写要求

1．出票日期（大写）

数字必须大写，大写数字写法：零、壹、贰、叁、肆、伍、陆、柒、捌、玖、拾。

壹月和贰月前零字必写，叁月至玖月前零字可写可不写；拾月至拾贰月必须写成零壹拾月、零壹拾壹月、零壹拾贰月。

壹日至玖日前零字必写，拾日至拾玖日必须写成壹拾日及壹拾×日（前面多写了“零”字也认可，如零壹拾伍日，下同），贰拾日至贰拾玖日必须写成贰拾日及贰拾×日，叁拾日至叁拾壹日必须写成叁拾日及叁拾壹日。

举例：

（1）“2015年7月5日”写为：贰零壹拾伍年柒月零伍日。

（柒月前零字可写可不写，伍日前零字必写）

（2）“2016年2月14日”写为：贰零壹拾陆年零贰月壹拾肆日。

2．收款人

现金支票收款人可写为本单位名称，此时现金支票背面“被背书人”栏内加盖本单位的财务专用章和法人章，之后收款人可凭现金支票直接到开户银行提取现金（由于有的银行的各营业点联网，所以也可到联网营业点取款，具体要视联网覆盖范围而定）。

现金支票收款人可写为收款人个人姓名，此时现金支票背面不盖任何章，收款人在现金支票背面填上身份证号码和发证机关名称，凭身份证和现金支票签字即可领款。

转账支票收款人应填写为对方单位名称。转账支票背面本单位不盖章。收款单位取得转账支票后，在支票背面被背书栏内加盖收款单位财务专用章和法人章，填写好银行进账单后连同该支票交给收款单位的开户银行，委托银行收款。付款行名称、出票人账号即为本单位开户银行名称及银行账号，如中国工商银行多福路支行43674228781（账号小写）。

3．人民币（大写）

数字大写写法：零、壹、贰、叁、肆、伍、陆、柒、捌、玖、亿、万、仟、佰、拾。

举例：

（1）479,536.52 肆拾柒万玖仟伍佰叁拾陆元伍角贰分。

（2）7,890.61 柒仟捌佰玖拾元零陆角壹分。

（此时“玖拾元零陆角壹分”的“零”字可写可不写）

（3）562.00 伍佰陆拾贰元正。

（“正”写为“整”字也可以，但是不能写为“零角零分”）

（4）425.03 肆佰贰拾伍元零叁分。

（5）325.20 叁佰贰拾伍元贰角。

（角字后面可加“正”字，但不能写“零分”，比较特殊）

4. 人民币小写

最高金额的前一位空白格用“￥”字符打掉，数字填写要求完整清楚。

5. 用途

（1）现金支票有一定限制，一般填写“备用金”、“差旅费”、“工资”、“劳务费”等。

（2）转账支票没有具体规定，可填写“货款”、“代理费”等。

6. 盖章

支票正面盖财务专用章和法人章，缺一不可，印泥为红色，印章必须清晰，印章模糊只能将本张支票作废，换一张重新填写，重新盖章。

7. 其他规定

（1）支票正面不能有涂改痕迹，否则本支票作废。

（2）受票人如果发现支票填写不全，可以补记，但不能涂改。

（3）支票的有效期为10天，日期首尾算一天，节假日顺延。

（4）支票见票即付，不记名。（丢了支票尤其是现金支票可能就是票面金额数目的钱丢了，银行不承担责任。现金支票一般要素填写齐全，假如支票未被冒领，在开户银行挂失；转账支票各要素填写齐全，在开户银行挂失，如果要素填写不齐，到票据交换中心挂失。）

（5）出票单位现金支票背面有印章盖模糊了，可把模糊印章打叉，重新再盖一次。

（6）收款单位转账支票背面印章盖模糊了（此时，按票据法规定是不能以重新盖章方法来补救的），收款单位可带转账支票及银行进账单到出票单位的开户银行去办理收款手续（不用付手续费），俗称“倒打”，这样就用不着到出票单位重新开支票了。

（7）背书注意收款人名称和背书章的名称要一致。

（8）若现金支票收款人是本单位，则支票背面“被背书人”栏内加盖本单位的财务专用章和法人章；若收款人是其他个人，则支票背面不盖章；转账支票背面本单位不盖章。

（三）支票收银业务操作

1. 验审支票

收银员在接受付款人交来的支票时，应注意审核以下内容。

（1）验票。检查支票的质地与完好程度，辨别真伪。支票是否有折痕、撕裂。

（2）验章。支票上的企业公章或财务专用章和法人代表章是否齐全，是否完好无损，印章位置是否正确，印章是否出现重叠、残缺或模糊印迹。

（3）验笔迹。支票是否按规定用碳素墨水填写或用支票打印机打印；笔迹是否规范；有无修改或重描，字体是否一致。

（4）验金额。支票上金额是否正确，大小写是否一致。

注意：支票上的金额可以由出票人授权补记，未补记的支票不得使用。

（5）验日期。一般支票的有效期为 10 天，如遇节假日可以顺延；支票应在有效期内使用。验审支票时，注意支票的日期是否为远期或过期。

（6）验背书的连续性。支票收款人或被背书人是否确为本收款人。背书转让的支票其背书是否连续，有无“不准转让”字样。

（7）收银员检验发现支票有不符合上述情形之一的，有权拒收支票。

2．查验持票购物人身份

收银员查看持票购物人的身份证，与工作证核对是否一致。核对无误后，在备查簿中进行登记，留存购货单位电话、联系人身份证号码及联系电话。

3．交存支票

（1）收银员填写支票交款单。支票交款单一式两份，内容包括收款项目、支票张数、收据张数、总计金额等。

（2）收银员将支票、销售发票及支票交款单一并交给出纳人员。出纳人员审核无误后，在支票交款单上签字盖章，一联留存，另一联退回收银员。

4．查验收款通知，通知发货

出纳人员收到银行收款通知后，通知收银员，由其通知业务人员发货。

5．支票收银操作流程（见图5-6）

图5-6　支票收银操作流程

动脑筋

为什么要在收到收款通知后才能发货？

小贴士

出票人签发的支票金额超过其付款时在付款人处实有的存款金额，为空头支票。禁止签发空头支票。

（四）企业对于支票收银的具体规定

（1）如遇5000元以上的款项，不管任何单位，都必须倒进账，款到方能提货。

（2）5000元以下的，属如下性质的单位，可以不倒进账，但需电话查询落实并登记，可直接提货。

① 知名的大中型企业。

② 行政单位如省市政府、街道办事处、税务局、人社局、公安局、卫生局、环保局、教育局、公证处、工商管理部门等。

③ 事业单位如银行、电信局、邮局、部队、学校、公路征费处、电台、电视台、报社、科学研究院所、供电局、审计局、证券公司、会计师事务所、大中型医院、公交系统等。

④ 经常到本单位来购物的往来单位。

⑤ 有部门经理以上人员担保者。

不知名的小企业，如商贸有限责任公司、贸易公司、房地产公司、私营小企业、发展公司、专卖公司、实业公司、合作公司、个体户等不管金额大小，一律必须倒进账，款到账后方能提货。

注：倒进账是指持票人将支票直接交存出票人开户银行，出票人开户银行根据支票划转款项。有别于持票人将支票背书转让给自己开户行。倒进账无须背书，并且款项到账较快，能有效防范空头支票，但要到出票人开户行办理。

【案例2】

失而复得的一叠发票

傍晚时分，一位行色匆匆的女士跑进了万家花园社区办公室。“六点多了，社区还没下班？”她的脸上写着急切“我想找陈同志，要回一叠发票。”

原来，几天前宋女士在下班途中不慎将一只装满发票的信封遗失，虽然这些发票别人捡去并无用处，但都是宋女士所在公司经营业务收入支出的重要单据，非同一般。那天，宋女士发现发票遗失后，已来来回回在回家路上多次寻找，均一无所获。正当宋女士已放弃希望时，却接到公司电话，“社区来电话请你去拿遗失的发票。”而捡到发票的是一位住在万家花园的高中生。他看到理得整整齐齐的发票，心想肯定是有用的。于是就交到社区，委托查找失主，社区工作人员为高中生的责任感深深感动，经多方查找，最后通过工商登记查询到了宋女士所在的公司，于是就有了刚才发生的一幕。

当宋女士拿到厚厚的信封时，她连声说：“多谢社区，多谢这位学生……”

二、发票的管理

（一）发票

1. 发票的定义

发票（见图 5-7）是指一切单位和个人在购销商品、提供劳务或接受劳务、服务及从事其他经营活动时，所提供给对方的收付款的书面证明，是财务收支的法定凭证，是会计核算的原始依据，也是审计机关、税务机关执法检查的重要依据。

图 5-7 发票

2．发票种类

发票分为普通发票、增值税专用发票和专用发票。

（1）普通发票。普通发票主要由营业税纳税人和增值税小规模纳税人使用，增值税一般纳税人在不能开具专用发票的情况下也可使普通发票。普通发票由行业发票和专用发票组成。前者适用于某个行业和经营业务，如商业零售统一发票、商业批发统一发票、工业企业产品销售统一发票等；后者仅适用于某一经营项目，如广告费用结算发票，商品房销售发票等。普通发票的基本联次为三联：第一联为存根联，开票方留存备查用；第二联为发票联，收执方作为付款或收款原始凭证；第三联为记账联，开票方作为记账原始凭证。

（2）增值税专用发票。增值税专用发票是我国实施新税制的产物，是国家税务部门根据增值税征收管理需要而设定的，专用于纳税人销售或者提供增值税应税项目的一种发票（见图 5-8）。

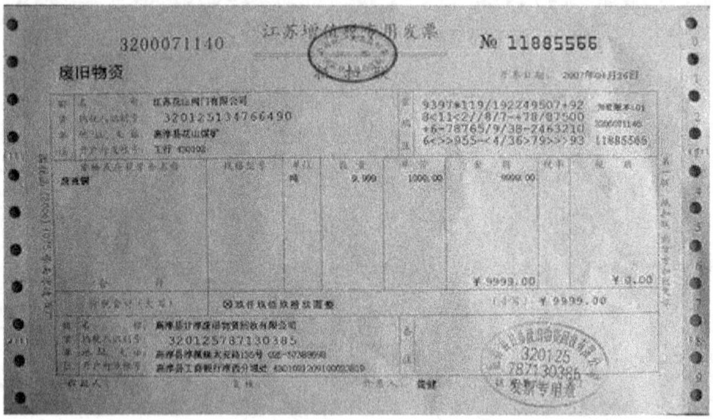

图 5-8　增值税专用发票

（3）专用发票。专用发票既具有普通发票所具有的内涵，同时还具有比普通发票更特殊的作用。它不仅是记载商品销售额和增值税税额的财务收支凭证，而且是兼记销货方纳税义务和购货方进项税额的合法证明，是购货方据以抵扣税款的法定凭证，对增值税的计算起着关键性作用。

专用发票（见图 5-9）是指国有金融、保险企业的存贷凭证、汇兑凭证、转账凭证，保险凭证，国有邮政、电信企业的邮票、邮单、话务、电报收据，国有铁路、国有航空企业和交通部门、国有公路、水上运输企业的客票、货票等。

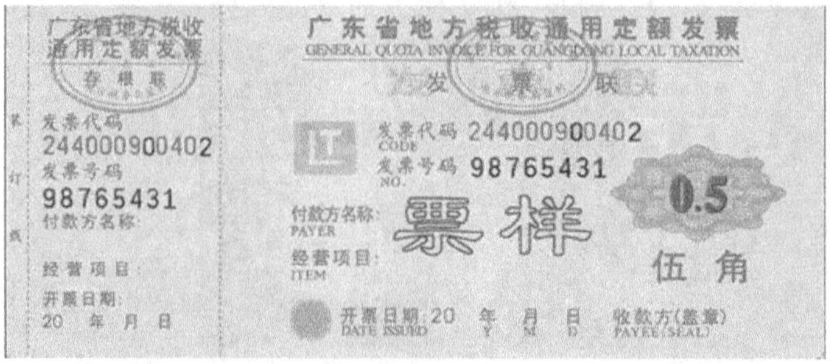

图 5-9　专用发票

（二）发票的领用

收银员领用发票时，要在发票登记簿上登记。

（三）发票的开具

1．开具发票的具体要求

（1）字迹要规范、清晰、端正，不得写错别字。

（2）按各栏目要求填写，不得颠倒、漏填、错填。填写项目有日期、购货单位（人）名称与纳税人识别号、销货单位与纳税人识别号、品名规格、单位、数量、单价、大写金额、小写金额等，最后由经手人（开票人）签字并加盖销货单位公章。

（3）填写发票时必须按照规定的时限、号码顺序填开，各联次一次套写，全部联次内容必须完全一致。

（4）必须在实现经营收入或发生纳税义务时填开发票，未发生经营业务一律不准填开发票。

2．发票作废的处理

发票在开具过程中如发生错误，应按规定予以作废。具体应注意以下几点。

（1）作废时，应填写作废发票登记簿，该登记簿一式两联，一联随同作废发票交会计部门，另外一联由收银部门自己保存。

（2）收银员若将作废发票遗失，不能将此发票作废，应视同收银员的收银短缺，由收银员自行负责。

（3）若同一笔交易有若干张发票，只有其中一张发生错误时，应将所有发票同时收回一并办理作废，再重新开具发票。

（四）发票的交存

收银员交回已使用过发票的存根时，发票保管人员要检查存根有无缺页，收入的钱款有无如数上交财务部门等。经检查没有问题后，双方签字，再由收银员按程序领用新的空白发票。

练习与实训

一、单项选择题（从四个选项中选择一个正确答案）

1．收银员在向财务交支票时，应填写（　　）。

A．支票交款单　　B．支票进账单　　C．现金交款单　　D．收据

2．作废发票登记簿一般一式（　　）联。

A．一　　B．两　　C．三　　D．四

3．支票的有效期为（　　）。

A．15天　　B．10天　　C．1个月　　D．2个月

4．关于支票收银的操作步骤，正确的是（　　）。

A．查验持票购物人身份　　B．验审支票

C. 交存支票　　D. 查验收款通知，通知发货

5. 3月1日（周四）企业开出支票，到期日为（　　）。

A. 3月11日　　B. 3月10日　　C. 3月12日　　D. 3月13日

6. 发票分为普通发票、（　　）和专用发票。

A. 特殊发票　　B. 商业发票

C. 餐饮发票　　D. 增值税专用发票

7. 下列说法正确的是（　　）。

A. 收银员若将作废发票遗失，可以将此发票作废

B. 若同一笔交易有若干张发票，只有其中一张发生错误时可以只更改错误的那张发票

C. 已使用过发票的存根可由收银员自行保管

D. 出纳人员收到银行收款通知后，通知收银员，由其通知业务人员发货

8. 收银员将作废发票遗失的，不能将此发票作废，而视同收银员的收银短缺，由收银员自行负责，这是因为（　　）。

A. 管理制度规定　　B. 工作不够负责导致作废发票遗失

C. 作废没有依据　　D. 避免收银员以此作弊

二、判断题（正确的打"√"，错误的打"×"）

1. 若同一笔交易有若干张发票，只有其中一张发生错误时，应将所有发票同时收回一并办理作废，再重新开具发票。（　　）

2. 收银员若将作废发票遗失，可以将此发票作废。（　　）

3. 填写发票时必须按照规定的时限、号码顺序填开，各联次一次套写，全部联次内容必须完全一致。（　　）

4. 专用发票不具有普通发票所具有的内涵，只有比普通发票更特殊的作用。（　　）

5. 增值税专用发票是我国实施新税制的产物，是国家税务部门根据增值税征收管理需要而设定的，专用于纳税人销售或者提供增值税应税项目的一种发票。（　　）

6. 人民币小写：最高金额的前一位空白格用"S"字符打头，数字填写要求完整清楚。（　　）

7. 填写发票时必须按照规定的时限、号码顺序填开，各联次一次套写，全部联次内容必须完全一致。（　　）

8. 支票是出票人签发，委托办理支票存款业务的银行或者其他金融机构在见票时无条件支付确定的金额给收款人或持票人的票据。（　　）

三、问答题

为什么说收银员将作废发票遗失，应视同收银员的收银短缺，由收银员自己负责？

单元 6　识别现金和金融卡

学习目标

1. 掌握人民币的识别方法；
2. 掌握外币的识别方法；
3. 掌握金融卡操作知识。

【案例 1】

林红应聘

一天，林红看到好又多超市招聘收银员，中专商贸专业毕业的她便前往应聘。这次面试由总经理直接主持考核。

总经理一句专业知识也没问，只是从皮包内抽出 4 张百元大钞，分别递给 4 位求职者，让他们每人都去买包降压药，并说，我高血压很严重，各位快一点。他喜欢动作轻快的人，第一个回来的就是优胜者。

总经理话音刚落，三位应聘者争先恐后跑出办公室。林红拿到钞票后总觉得不大对劲儿。趁其他应聘者出门时，她仔细用手摸了摸这张钞票，没有凹凸不平感。林红犹豫了一会儿，迟疑不决地对总经理说："这张钞票有点问题，您能不能换一张？"总经理笑了："您已经具备了收银员最基本的素质，就是您了。明天能来上班吗？"

这时，一位求职者气急败坏地跑进办公室："经理，我发现这张钱是假的！"经理反问："现在发现已经晚了。顾客早已离开商场，你到哪里去追？作为收银员，每天都要与钱打交道，接过钱连看都不看一眼，就慌里慌张去买药，这哪行？"

【案例分析】

随着高新科学技术的发展，人民币制假技术和手段也不断变化，这就给我们的收银工作带来新的考验。掌握过硬的真假人民币识别技能，是每一位收银员必备的真功夫。

一、人民币的识别

自中华人民共和国发行货币以来，已经发行过五套人民币，形成纸币与金属币、普通纪念币与贵金属纪念币等多品种、多系列的货币体系。

目前，我们市面上流通的是中华人民共和国第五套人民币，分别于 1999 年和 2005 年发行两次，两者没有太大区别，只在 2005 年版人民币上对部分防伪标志进行了改进。第五套人民币共 8 种面额：1 角、5 角、1 元、5 元、10 元、20 元、50 元、100 元。

第五套人民币继承了我国印制技术的传统经验，借鉴了国外钞票设计的先进技术。在原材料工艺方面做了改进，提高了纸张的综合质量和防伪性。固定水印立体感强、形象逼真。磁性微缩文字安全线、彩色纤维、无色荧光纤维等在纸张中有机运用，并且采用了计算机辅助设计手工雕刻、电子雕刻和晒版腐蚀相结合的综合制版技术。特别是在二线和三线防伪方面采用了国际通用的防伪措施，为专业人员和研究人员鉴别真伪提供了条件。与第四套人民币相比，第五套人民币的防伪技术由十几种增加到二十多种，主景人像、水印、面额数字均较以前放大，便于人们识别。第五套人民币应用了先进的科学技术，在防伪性能和适应货币处理现代化方面有了较大提高。

第五套人民币各面额正面均采用毛泽东同志新中国成立初期的头像，底衬采用了我国著名花卉图案，背面主景图案分别选用了杭州西湖、泰山、长江三峡、桂林山水、布达拉宫、人民大会堂。通过选用有代表性的寓有民族特色的图案，充分表现了我们伟大祖国悠久的历史和壮丽的山河，弘扬了伟大的民族文化。

（一）人民币识别标志

识别人民币纸币真伪，讲究八字要领，即一看、二摸、三听、四测，下面以第五套人民币 100 元纸币为例介绍识别人民币真伪的方法。

1. 一看

（1）看水印。

第五套人民币各券别纸币的固定水印位于各券别纸币票面正面左侧的空白处，迎光透视，可以看到立体感很强的水印。1 元、5 元、10 元和 20 元纸币的固定水印为花卉图案，50 元和 100 元纸币的固定水印为毛泽东头像图案，如图 6-1 所示。

1 元花卉水印（兰花） 5 元花卉水印（梅花） 10 元花卉水印（月季） 20 元花卉水印（荷花） 50 元和 100 元人像水印

图 6-1 人民币水印

（2）看安全线。

第五套人民币纸币在各券别票面正面中间偏左，均有一条安全线。5 元、10 元纸币安全线为全息磁性开窗式安全线，即安全线局部埋入纸张中，局部裸露在纸面上，开窗部分分别可以看到由微缩字符“￥5”、“￥10”组成的全息图案，用仪器检测有磁性；20 元纸币，迎光透视，是一条明暗相间的安全线；对于 50 元、100 元纸币的安全线，迎光透视，分别可以看到缩微文字“RMB50”、“RMB100”，用仪器检测均有磁性，如图 6-2 所示。

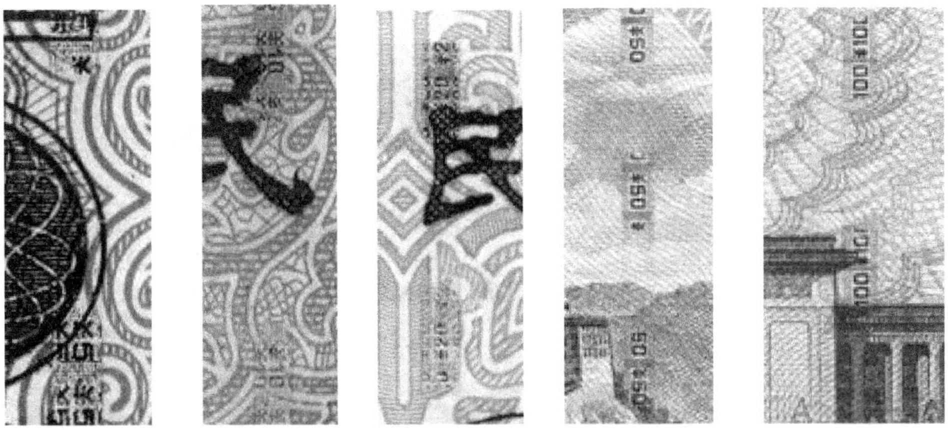

面额：	5 元	10 元	20 元	50 元	100 元
字样：	￥5	￥10	￥20	￥50	￥100

图 6-2　人民币安全线

（3）看光变油墨。

第五套人民币 50 元券和 100 元券正面左下方的面额数字采用光变油墨印刷。将垂直观察的票面倾斜到一定角度时，50 元券的面额数字则会由金色变为绿色；100 元券的面额数字会由绿色变为蓝色，如图 6-3 所示。

50 元　光变油墨印刷　　100 元　光变油墨印刷

图 6-3　人民币光变油墨

（4）看人民币纸币的票面图案是否清晰，色彩是否鲜艳，对接图案是否可以对接上。其阴阳互补对印图如图 6-4 所示。

图 6-4　人民币纸币的阴阳互补对印图

第五套人民币纸币的阴阳互补对印图案应用于 10 元、50 元和 100 元券中。这三种券别的正面左下方和背面右下方都印有一个圆形局部图案。迎光透视，两幅图案准确对接，组合成一个完整的古钱币图案。

（5）用 5 倍以上放大镜观察票面，看图案线条、缩微文字是否清晰干净。

第五套人民币纸币各券别正面胶印图案中，多处印有微缩文字，20 元纸币背面也有该防伪标志。5 元为“RMB5”和“5”字样；10 元为“RMB10”；20 元为“RMB20”；50 元为“50”和“RMB50”；100 元微缩文字为“RMB”和“RMB100”，如图 6-5 所示。

5 元微缩文字　10 元微缩文字　20 元微缩文字　50 元微缩文字　100 元微缩文字

图 6-5　人民币微缩文字

（6）隐形面额数字。

在钞票正面右上方有一装饰图案，将钞票置于与眼睛接近平行的位置，面对光源上下倾斜晃动，可以看到面额数字“5/10/20/50/100”的字样，其中 5 元和 100 元人民币隐形面额数字如图 6-6 所示。

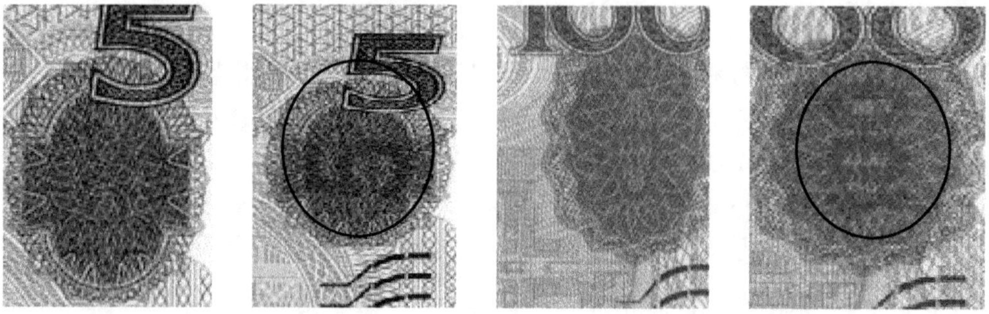

晃动前　晃动后　晃动前　晃动后

图 6-6　人民币隐形面额数字

2．二摸

（1）雕刻凹版印刷。2005 年版第五套人民币纸币票面正面主景的毛泽东头像、中国人民银行行名及背面主景人民大会堂等均采用的是雕刻凹版印刷，用手指触摸有明显凹凸感，如图 6-7 所示。

图 6-7　人民币雕刻凹版印刷

（2）凹印手感线。在 2005 年版人民币的 50 元和 100 元票面的正面主景图案右侧，有一组自上而下规则排列的线纹，采用雕刻凹版印刷工艺印制，用手触摸有极强的凹凸感，如图 6-8 所示。

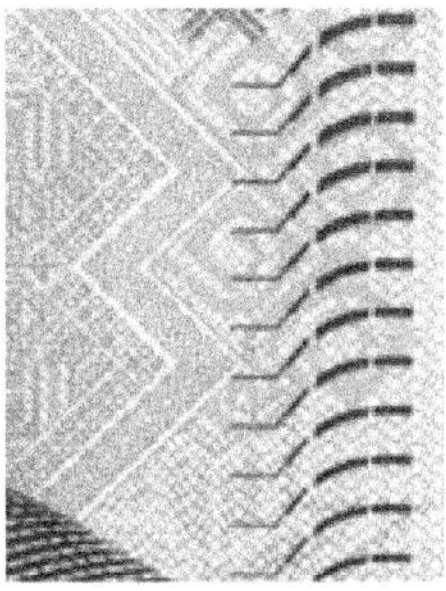
50 元凹印手感线

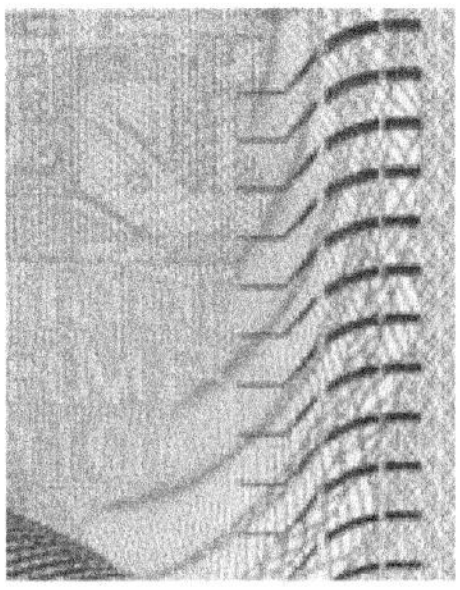
100 元凹印手感线

图 6-8　人民币凹印手感线

3．三听

通过抖动钞票使其发出声响，根据声音来分辨人民币的真伪。人民币的纸张，具有挺括、耐折、不易撕裂的特点。手持钞票用力抖动、手指轻弹或两手一张一弛，轻轻对称拉动，能听到清脆响亮的声音。

4．四测

借助一些简单的工具和专用的仪器来分辨人民币真伪。用紫外灯光照射票面，可以观察钞票纸张和油墨的荧光反映。

在钞票正面的“中国人民银行”字样下方胶印底纹处，在特定波长的紫外光下，可以看到面额数字“50”和“100”的字样，该图案采用的是无色荧光油墨印刷，可供机读，如图 6-9 所示。

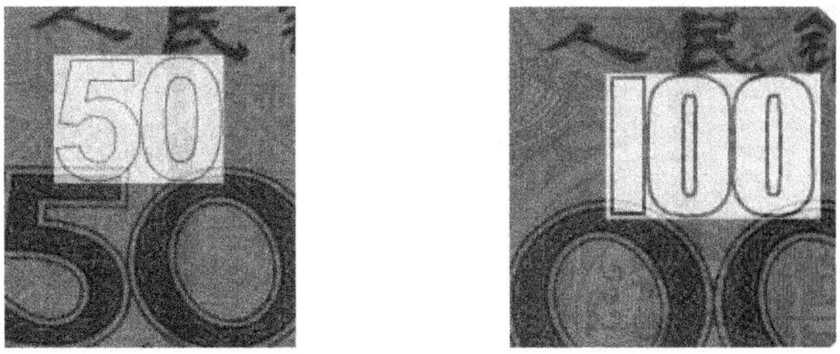

图 6-9　人民币无色荧光油墨

（二）第五套人民币 100 元纸币的 2005 年版与 1999 年版的区别

1．调整防伪特征布局

正面左下角胶印对印图案调整到正面主景图案左侧中间处，光变油墨面额数字左移至原胶印对印图案处。背面右下角胶印对印图案调整到背面主景图案右侧中间处。

2．调整的防伪特征

（1）隐形面额数字。调整隐形面额数字观察角度。正面右上方有一装饰性图案，将票面置于与眼睛接近平行的位置，面对光源上下倾斜晃动，可以看到面额数字“100”的字样。

（2）全息磁性开窗式安全线。将原磁性微缩文字安全线改为全息磁性开窗式安全线。背面中间偏右，有一条开窗式安全线，开窗部分可以看到由微缩字符“￥100”组成的全息图案，用仪器检测有磁性。

（3）双色异形横号码。将原横竖双号码改为双色异形横号码。正面左下角印有双色异形横号码，左侧部分为暗红色，右侧部分为黑色。字符由中间向左右两边逐渐变小。

3．增加的防伪特征

（1）白水印：位于正面双色异形横号码下方，迎光透视，可以看到透光性很强的水印“100”字样。

（2）凹印手感线：正面主景图案右侧，有一组自上而下规则排列的线纹，采用雕刻凹版印刷工艺印制，用手指触摸，有极强的凹凸感。

4．取消纸张中的红蓝彩色纤维

5．背面主景图案下方的面额数字后面，增加人民币单位元的汉语拼音“YUAN”；年号改为“2005年”

（三）假钞的处理

想一想：在不少商家的收银柜台上，我们可以看到贴着醒目的“发现假币　一律没收”的标志。作为消费者的我们，在商场或商家购物的时候也曾遇到，交款时收银员发现是假币，二话不说就把假币没收了。这种行为对吗？

根据《中华人民共和国人民币管理条例》，发现假币应进行如下处理。

（1）误收假币，不应再使用，应上缴当地银行或公安机关。

（2）看到别人持有大量假币，应劝其上缴，或向公安机关报告。

（3）发现有人制造、买卖假币，应掌握证据，向公安机关报告。

所以，企业的这种“发现假币　一律没收”的行为是违法的。按照有关法律法规的规定，只有办理货币存取款和外币兑换业务的金融机构有权收缴假币。

金融机构具体包括各商业银行、城乡信用社、邮政储蓄所。除了这些机构，无论是商场、证券公司、保险公司，还是彩票销售点、超市、商业或金融机构及个人都无权收缴假币。如果收银员“认定”顾客所用于支付的钞票是假币，只能要求他换一张真币。

二、港币的识别

现在流通的港币纸币主要由香港上海汇丰银行、香港渣打银行和中国银行三家银行分别发行。其中，香港汇丰银行的发行量占总发行量的70%以上。

（一）香港上海汇丰银行券的票面图案和防伪特征

1．香港上海汇丰银行票面图案

目前流通的香港上海汇丰银行钞票，面额有 20 元、50 元、100 元、500 元和 1000 元港币。票面正面左侧为铜狮头图案，中间为行名、中英文面额数字。背面主景图案是汇丰银行总部大厦及坐守大厦入口处的一对狮子雕像。具体如图 6-10～图 6-14 所示。

图 6-10　香港上海汇丰银行 20 元券

图 6-11　香港上海汇丰银行 50 元券

图 6-12　香港上海汇丰银行 100 元券

图 6-13　香港上海汇丰银行 500 元券

图 6-14　香港上海汇丰银行 1000 元券

汇丰港币背面右侧图案有 20～1000 港币，分别为旧火车站钟楼、龙舟竞赛、沙田万佛寺、香港总督府和香港立法局大楼。2000 年 12 月，汇丰银行又发行了新版 1000 元钞票。新版钞票保留了 1993 年版的基本设计，并增加了新的防伪标志。

2．香港上海汇丰银行券主要的防伪特征

（1）水印。票面正面右侧有狮头水印图案。2000 年版 1000 元港币在石狮图案上方增加了“1000”字样白水印。

（2）安全线。票面采用了全埋深色安全线，其中，2000 年版 1000 元港币还在票面正面右侧增加了一条全息开窗文字安全线。

（3）雕刻凹版印刷。票面正背面主景、行名、面额数字等均采用了凹版印刷，用手触摸有明显的凹凸感。

（4）凹印缩微文字。票面正面或背面多处印有凹印缩微文字：“THE HONG KONG AND SHANG HAI BNAKING CORPORATION LIMITED”字样。

（5）对印图案。票面正面右侧及背面左侧花边均有一圆形局部图案，迎光透视，可见正背面组成了一个完整的图案。

（6）隐形面额数字。在票面正面右下角的长方形图案中印有隐形面额数字。将票面置于与视线接近平行的位置，面对光源旋转钞票可见该面额钞票的面额数字。

（7）异形号码。票面正面左下和右侧分别印有横竖异形号码。该号码的特点是数字逐渐增大。

（8）无色荧光图案。在紫外光下，可以看到票面正面有明亮的荧光图案。

（9）无色荧光纤维。2000 年版 1000 元港币在纸张中增加了红、蓝、绿三色荧光纤维，在紫外光下清晰可见。

（二）香港渣打银行券的票面特征和防伪特征

1．香港渣打银行票面特征

目前流通的香港渣打银行钞票，是该行自 1993 年 1 月起发行的纸币。面额有 10 元、20 元、50 元、100 元、500 元和 1000 元，其中 20 元、50 元、100 元、500 元和 1000 元券分别如图 6-15～图 6-19 所示。

图 6-15 香港渣打银行 20 元券

图 6-16 香港渣打银行 50 元券

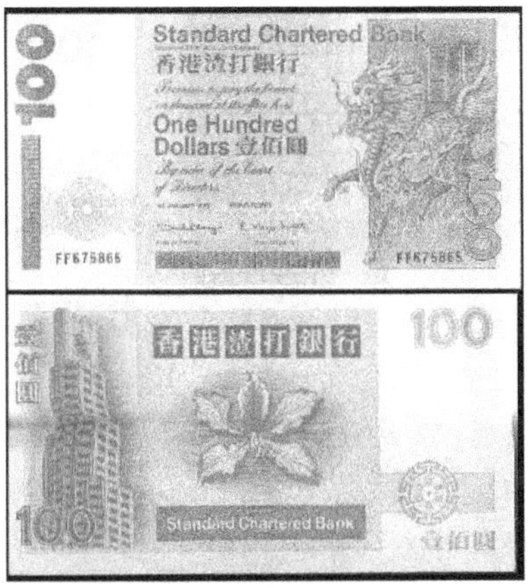

图 6-17　香港渣打银行 100 元券

图 6-18　香港渣打银行 500 元券

图 6-19　香港渣打银行 1000 元券

纸币的正面均采用了神话中的瑞兽作为设计主题，10 元券正面是鲤鱼图案、20 元券是神龟图案、50 元券是北狮图案、100 元券是麒麟图案、500 元券是凤凰图案、1000 元券是龙的图案。背面中间是香港的区花紫荆花，左侧是渣打银行大厦。2001 年 1 月，渣打银行又发行了新版 1000 元钞票，新版钞票保留了 1993 年版的基本设计，并增加了新的防伪标志。

2．渣打银行券主要的防伪特征

（1）水印。票面正面右侧有古罗马军人头像水印及字母“SCB”白水印。2001 年版 1000 元港币的白水印由“SCB”改为“1000”。

（2）安全线。票面采用了全埋深色安全线，其中，2001 年版 1000 元港币还在票面正面右侧增加了一条全息开窗文字安全线。

（3）雕刻凹版印刷。票面正背面主景、行名、面额数字等均采用了凹版印刷，用手触摸有明显的凹凸感。

（4）凹印缩微文字。票面正面右侧边框外印有凹印缩微文字“Standard Chartered Bank”字样。

（5）对印图案。票面正面右侧及背面左侧均有一圆形局部图案，迎光透视，可见正背面图案组成了一个完整的圆形图案。

（6）无色荧光图案。在紫外光下，票面正面会出现明亮的荧光图案。

（7）有色荧光图案。在紫外光下，背面局部图案会出现明显的荧光反应。

（8）无色荧光纤维。2001 年版 1000 元港币在纸张中增加了红、蓝、绿三色荧光纤维，在紫外光下清晰可见。

（三）中国银行券的票面特征和防伪特征

1．中国银行港币票面特征

中国银行于 1994 年开始发行港元纸币，面额有 20 元、50 元、100 元、500 元和 1000 元，年版日期为 1994 年 5 月 1 日。1996 年 8 月，中国银行又推出 1996 年版纸币，年版日期是 1996 年 1 月 1 日。1996 年版中国银行港元纸币的面额、规格、主色调、主题图案和防伪特征等与 1994 年、1995 年版基本相同。具体如图 6-20～图 6-24 所示。

图 6-20　中国银行港币 20 元券

图 6-21　中国银行港币 50 元券

图 6-22　中国银行港币 100 元券

图 6-23　中国银行港币 500 元券

为提高防伪性能，1996 年版中国银行券的 20 元、50 元、100 元、500 元和 1000 元五种面额纸币的正面下部含隐形文字的花边图案有所改动。20 元券的主色调为天蓝色，正面主景图为中银大厦、中国银行行标及水仙花，背面为香港中区和湾仔商业楼群的构图。50 元券的主色调为紫色，正面主景为中银大厦、中国银行行标及菊花，背面为香港第一条海底隧道的繁忙景象。100 元券的主色调为红色，正面主景为中银大厦、中国银行行标及荷花，背面为九龙半岛南端的尖沙咀风貌。500 元券的主色调为棕色，正面主景为中银大厦、中国银行行标及牡丹花，背面为香港葵涌货柜码头的构图。1000 元券的主色调为金黄色，正面主景为中银大厦、中国银行行标及紫荆花，背面为港岛中区高楼林立的繁华景象。为了加强防伪，2001 年 1 月，中国银行又发行了新版 1000 元钞票。新版钞票保留了 1996 年版的基本设计，并增加了新的防伪标志。

图 6-24　中国银行港币 1000 元券

2．中国银行券主要的防伪特征

（1）水印。票面正面右侧有石狮水印图案。2001 年 1000 元港币在石狮图案上方增加了“1000”字样白水印。

（2）安全线。票面采用了全埋深色安全线。其中，2001 年版 1000 元港币还在票面正面右侧增加了一条全息开窗文字安全线。

（3）雕刻凹版印刷。票面正背面主景、行名、面额数字等均采用了凹版印刷，用手触摸有明显的凹凸感。

三、外币的防伪特征

【案例 2】

白送手机又送钱

2013 年 8 月，两名老外用美元在浙江省义乌市三里街一家手机店买手机，交易后店主发现收进的是一张面值百元的假美元。“白送”了手机不说，还找出 80 元人民币，店主共损失 700 多元人民币。

原来，虞先生在三里街开了一家手机店。一天晚上 8 时 30 分，在外的虞先生接到妻子打来的电话，说有两名老外在店里选购手机。他回到店里后，两名老外还在。这两名老外个子都不太高，瘦瘦的，其中一人还背着个包。

虞先生高中毕业，会几句英语，他随即用英语与老外交流起来。最后，老外看中了一款手机，双方砍价到 850 元。老外从包里掏出一沓崭新的面值百元的美元，抽出两张递了过来。由于从没见过美元，虞先生担心收到假币，犹豫着不想做这笔生意。老外见状，随后离开了手机店。

过了一会儿，两名老外又转了回来，表示诚心想买先前看中的那款手机。由于此前虞先生曾看到老外那里有两张百元面值的人民币，他于是建议老外拿一张美钞外加这 200 元人民币支付手机款。“万一真的是假美元，那我的损失也会小一些。”虞先生说。

虞先生的建议最终得到了老外的同意。接过钱后，虞先生给好几个朋友打电话，想问他们真的美元到底是啥样，但他们都说不清楚。“我打电话，其实也是在试探这两名老外。如果他们真是在使用假币，而且又不会中文，那他们很可能以为我是在报警而溜之大吉。”虞先生说，“结果我发现他们在我打电话时，都非常镇静，所以我就不怀疑他们了。”

按照 1∶7.3 的兑换比率，100 美元可换 730 元人民币。虞先生接过 100 美元和 200 元人民币后，给了对方那款手机，外加 80 元人民币。

昨天上午，虞先生拿着这 100 美元到中国银行三里街分理处想兑换成人民币。柜员接过美元一看，便说这是一张假钞。银行依法将假钞予以没收，并开具了收缴单。“柜员跟我说，我是当天第三个受害者，之前还有两个店主拿着假美元到银行来换人民币，而且那两张假币与我的几乎一模一样。”虞先生说，“看来这两个老外在义乌市骗的人还不少。”

动脑筋

美元这种外币，我们都很少见，它有哪些防伪特征呢？

（一）美元的防伪常识

美元是美利坚合众国的官方货币，如图 6-25 所示。1792 年美国铸币法案通过后出现。目前流通的美元纸币是自 1929 年以来发行的各版钞票，它同时也作为储备货币在美国以外的国家广泛使用。当前美元的发行由美国联邦储备系统控制。从 1913 年起美国建立联邦储备制度，发行联邦储备券。美元的发行主管部门是国会，具体发行业务由联邦储备银行负责办理。美元是外汇交换中的基础货币，也是国际支付和外汇交易中的主要货币，在国际外汇市场中占有非常重要的地位。

图 6-25　美元

现行流通的美元纸币有三类，数量最多的是联邦储备钞票，总面额占流通钞票的 99%。其余的 1%是合众国钞票和银元票，均已停止印制，在市面上偶尔可以见到。

不同种类的美元纸币只要面额相同，其正、背面的主景图案就是相同的，但票面上的财政部徽章和冠字号码的颜色不同，如联邦储备钞票上的徽章和冠字号码是绿色，合众国钞票上的是红色，银元票上的是蓝色。下面我们重点介绍联邦储备钞票。

1．美元纸币的票面特征

美元是国际印钞界公认的设计特征变化最少的钞票之一。虽经多次改版，但不同版别的钞票变化并不大，只是防伪功能得到了不断加强。美元纸币票面尺寸不论面额和版别均为 156 mm×66 mm。正面主景图案为人物头像，主色调为黑色。背面的主景图案为建筑，主色调为绿色。但不同版别的颜色略有差异，如 1934 年版背面为深绿色；1950 年版背面为草绿色；1963 年版以后各版背面均为墨绿色。

2．美元纸币的防伪特征

（1）专用纸张。美钞的纸张主要由棉、麻纤维抄造而成。纸张坚韧、挺括，在紫外光下无荧光反应。

（2）固定人像水印。1996 年版美元纸张加入了与票面人物头像图案相同的水印。

（3）红、蓝彩色纤维。从 1885 年版起，美钞纸张中加入了红、蓝彩色纤维丝。从 1885 年版到 1928 年版美钞的红、蓝彩色纤维是采用定向施放的，即红、蓝纤维丝分布在钞票的正中间，由上至下形成两条狭长条带。1929 年版及以后各版中的红、蓝彩色纤维丝则随机分布在整张钞票中。

（4）文字安全线。从 1990 年版起，5 美元至 100 美元各面额纸币的纸张中加入了一条全埋文字安全线。安全线上印有“USA”及阿拉伯或英文单词面额数字字样。1996 年版 20 美元、50 美元安全线上还增加了美国国旗图案。1996 年版美元的安全线是荧光安全线，在紫外光下呈现出不同的颜色，5 美元、10 美元、20 美元、50 美元、100 美元安全线分别为蓝、棕、绿、黄和红色。

（5）雕刻凹版印刷。美元正背面的人像、建筑、边框及面额数字等均采用雕刻凹版印刷。用手触摸有明显的凹凸感。1996 年版美元的人像加大，形象也更生动。

（6）凸版印刷。美元纸币上的库印和冠字号码是采用凸版印刷的，在钞票背面的相应部位用手触摸有凹凸感。

（7）细线印刷。1996 年版美元的正面人像背景和背面建筑背景采用细线设计，该设计有很强的防复印效果。

（8）凹印缩微文字。从 1990 年版起，美元人像边缘中增加了一条由凹印缩微文字组成的环线，缩微文字为“THEUNITED STATES OF AMERICA”。1996 年版 20 美元和 100 美元还分别在正面左下角面额数字中增加了“USA20”和“USA100”字样缩微文字，50 美元则在正面两侧花边中增加“FIFTY”字样缩微文字。

（9）冠字号码。美元纸币正面均印有两组横号码，颜色为翠绿色。1996 年版以前的美元冠字号码由一位冠字、8 位数字和一个后缀字母组成，1996 年版美元增加了一位冠字，用以代表年号。

（10）光变面额数字。1996年版10美元、20美元、50美元、100美元正面左下角面额数字是用光变油墨印刷的，在与票面垂直角度观察时呈绿色，将钞票倾斜一定角度则变为黑色。

（11）磁性油墨。美元正面凹印油墨带有磁性，用磁性检测仪可检测出磁性。

（二）欧元的防伪常识

欧元是2002年1月1日开始发行的，成为欧元区12个成员国家（比利时、德国、希腊、西班牙、法国、爱尔兰、意大利、芬兰、葡萄牙、奥地利、荷兰、卢森堡）唯一的法定货币。欧元共有7种券别的纸币和8种券别的硬币。

1. 欧元纸币的票面特征

欧元纸币是由奥地利中央银行的Robert Kalina设计的，主题是“欧洲的时代和风格”，描述了欧洲悠久的文化历史中7个时期的建筑风格。其中，还包含了一系列的防伪特征和各成员国的代表特色，如图6-26所示。

图6-26 欧元

在纸币的正面图案中，窗户和拱门象征着欧洲的开放和合作。代表欧盟12个成员国的12颗五星则象征着当代欧洲的活力和融洽。

纸币背面图案中，描述了7个不同时代的欧洲桥梁和欧洲地图，寓意欧盟各国及欧盟与全世界的紧密合作和交流。

7种不同券别的纸币采用了不同颜色为主色调，规格也随面值的增大而增大。除此以外，欧元纸币还有以下主要特征。

（1）用拉丁文和希腊文标明的货币名称。

（2）用5种不同语言文字的缩写形式注明的“欧洲中央银行”的名称。

（3）版权保护标志符号。

（4）欧洲中央银行行长签名。

（5）欧盟旗帜。

2．欧元纸币的防伪特征

欧元采用了多项先进的防伪技术，主要有以下几个方面。

（1）水印。欧元纸币均采用了双水印，即与每一票面主景图案相同的门窗图案水印及面额数字白水印。

（2）安全线。欧元纸币采用了全埋黑色安全线，安全线上有欧元名称（EURO）和面额数字。

（3）对印图案。欧元纸币正背面左上角的不规则图形正好互补成面额数字，对接准确，无错位。

（4）凹版印刷。欧元纸币正面的面额数字、门窗图案、欧洲中央银行缩写及200欧元、500欧元的盲文标记均是采用雕刻凹版印刷的，摸起来有明显的凹凸感。

（5）珠光油墨印刷图案。5欧元、10欧元、20欧元背面中间用珠光油墨印刷了一个条带，不同角度下可呈现不同的颜色，而且可看到欧元符号和面额数字。

（6）全息标志。5欧元、10欧元、20欧元正面右边贴有全息薄膜条，变换角度观察可以看到明亮的欧元符号和面额数字；50欧元、100欧元、200欧元、500欧元正面的右下角贴有全息薄膜块，变换角度观察可以看到明亮的主景图案和面额数字。

（7）光变面额数字。50欧元、100欧元、200欧元、500欧元背面右下角的面额数字是用光变油墨印刷的，将钞票倾斜一定角度，颜色由紫色变为橄榄绿色。

（8）无色荧光纤维。在紫外光下，可以看到欧元纸张中有明亮的红、蓝、绿三色无色荧光纤维。

（9）有色荧光印刷图案。在紫外光下，欧盟旗帜和欧洲中央银行行长签名的蓝色油墨变为绿色；12颗星由黄色变为橙色；背面的地图和桥梁则全变为黄色。

（10）凹印缩微文字。欧元纸币正背面均印有缩微文字，用放大镜观察，真币上的缩微文字线条饱满且清晰。

四、金融卡知识

动脑筋

近几年来，在各消费场所，我们经常听到顾客这样说：“我刷卡，这卡是我妈妈（我爸爸）的”。作为收银员，这样的消费刷卡要求我们能不能接受？这样的消费安全吗？

在人们的日常消费中，刷卡消费越来越被大众所接受，信用卡、消费卡、储值卡在人们日常交易的使用中越来越广泛。但是人们在享受“卡”给我们带来的方便和优惠的同时也产生了一定的安全隐患。

（一）银行卡的种类

1．借记卡

借记卡（Debit Card）是指先存款后消费（或取现），没有透支功能的银行卡。其按功能不同，又可分为转账卡（含储蓄卡）、专用卡及储值卡，是一种具有转账结算、存取现金、购物消费等功能的信用工具，它还附加了转账、买基金、炒股等众多理财功能，还提供了大量增值服务。

如今，借记卡正日渐普遍，能够很方便地取代现金和支票进行消费，逐渐成为最受欢迎的支付卡。数以亿计的借记卡正在世界各地通行。借记卡是由发卡机构发出并具有更多功能的 ATM 卡。如果借记卡只适用于本地商户，通常会印有发卡机构的标志及其适用的处理系统。因为储蓄卡的操作需要进行密码的输入，所以在保障密码及个人身份证件安全的前提下，运用储蓄卡进行刷卡消费是比较安全的。图 6-27～图 6-30 所示为几种不同的银行卡。

图 6-27　中国工商银行卡

图 6-28　青岛银行卡

图 6-29　中国银行卡

图 6-30　民生银行卡

2．信用卡

信用卡（Credit Card）（其各种标志如图 6-31～图 6-33 所示）是一种非现金交易付款的方式，是简单的信贷服务。由银行或信用卡公司依照用户的信用度与财力发给持卡人，持卡人持信用卡消费时无须支付现金，待结账日时再行还款。除部分与金融卡结合的信用卡外，一般的信用卡与借记卡、提款卡不同，信用卡不会从用户的账户直接扣除资金。

真正的信用卡具有以下特点：不鼓励预存现金，先消费后还款，享有免息缴款期，可自主分期还款（有最低还款额），加入 VISA、MASTER 等国际信用卡组织便可全球通用，同时，在中国是通过银联组织主导的。

图 6-31　VISA 标志　　图 6-32　MasterCard 标志　　图 6-33　中国银联标志

（二）银行卡的使用

在进行银行卡业务操作的时候，收银员必须记住“审、刷、输、对、签、核”这样几个步骤。

审：确认收银机能否接受该银行卡进行业务操作，并确认银行卡是否有效。

刷：刷卡。

输：输入正确的消费金额。

对：核对金额是否正确。待金额正确无误后进行刷卡交易，并请顾客输入密码后，打出业务回单。如果是无密码的信用卡，请顾客任意按六个数字键后即可发送，打出回单。

签：请顾客在回单上签名。

核：核对顾客在回单上的签名是否一致，如果一致则交易有效，如果不一致，向顾客确认，或请示主管。

业务操作结束后应返还顾客银行卡和单据。

（三）银行卡或消费磁卡刷卡操作失败原因

收银员在业务操作中，经常会发现银行卡或磁卡刷卡失败，其原因主要有以下几种。

（1）卡尚未激活，只有激活了的卡才能使用。

（2）交易密码错误。

（3）由于顾客保管不慎，导致卡折叠或受损，尤其损伤部位为磁条，从而刷卡失败。

（4）由于顾客保管不慎，导致卡消磁。

（5）顾客的消费金额已经超过使用额度。

（6）刷卡机故障。收银员应该在业务操作中分析原因，根据不同原因对顾客进行解释和说明，不急不躁，礼貌工作。

练习与实训

一、单项选择题（从四个选项中选择一个正确答案）

1. 识别人民币除了看、摸、听，还可以用（　　）。

　A．测　　B．闻　　C．验　　D．切

2. 在中国，我国自己的信用卡组织是（　　）。

　A．VISA　　B．MasterCard　　C．JCB　　D．中国银联

3. 人民币 20 元的固定水印头像是（　　）。

　A．荷花　　B．月季　　C．蔷薇　　D．牡丹

4. 人民币10元的安全线上显示的数字符号为（　　）。

A. RMB10　　B. ¥10　　C. 10YUAN　　D. 10元

5. 欧元上用5种不同语言文字的缩写形式注明了（　　）的名称。

A. 欧盟　　B. 联合国　　C. 欧洲人民银行　　D. 欧洲中央银行

二、判断题（正确的打“√”，错误的打“×”）

1. 收银员在收到假币时可以没收上缴公司。（　　）

2. 使用信用卡刷卡消费时，只要顾客在回单上签了名就可以了。（　　）

3. 港币的三大发行机构是汇丰银行、花旗银行和渣打银行。（　　）

4. 对于信用卡消费，只要顾客输入了密码，我们就可以不用核对顾客签名了。（　　）

5. 信用卡可以先消费后还款，而借记卡不可以。（　　）

6. 在进行银行卡业务操作时，收银员必须记住“审、刷、输、对、签、核”这几个步骤。（　　）

7. 信用卡是一种非现金交易付款的方式，是简单的信贷服务。（　　）

8. 在纸币的正面图案中，窗户和拱门象征着欧洲的开放和合作。（　　）

三、简答题

1. 简单描述收银员在刷卡业务时的流程。

2. 发现假人民币时应怎么处理？

3. 2005年版的第五套100元人民币可以看哪些特征？

4. 简单描述美元的防伪特征。

单元 7　移动扫描收银的操作技能

学习目标

1. 了解移动扫描支付的产生、内涵、种类及形式；
2. 掌握移动扫描收银中支付宝、微信、Apple Pay 支付交易操作流程。

【案例】

购物“不花钱”，手机扫描轻松付

2017 年“元旦”期间，刘先生到大型超市购物。他走进汉口大福园，广播中不停地传来可用手机移动付费的消息，觉得挺新奇，但不清楚具体如何结算。抱着尝鲜的心情，刘先生在结账时注意到，收银台上方贴出了本店支持付款方式的提示有：现金、银联、支付宝、微信、PAY、翼支付。刘先生经过考虑，最终选择了用支付宝支付的方式，亲身体验了付款全过程，感觉非常便捷。全程免去了原本需要找钱包、拿现金或银行卡、找零钱等多个环节，只是扫描全部商品→打开支付宝钱包→点击手机右上角付款码→扫描付款码→输入支付密码确认支付就完成了整个购物过程。

【案例分析】

这是一种“购物不花钱”的体验。随着智能手机的流行及手机移动支付方式的普及，越来越多的人开始接受日常生活中使用移动支付方式付款。

一、了解移动支付的产生及内涵

（一）移动支付的产生

我国的移动支付模式由银行推出，需要开通手机银行，同时为了配合近场支付，还需要手机具有 NFC 功能、移动性。由于移动终端具有其特定服务实现的随身性和极好的移动性，可以使消费者从长途奔波到指定地点办理业务的束缚中解脱出来，摆脱支付实现的营业厅特定地域限制。

（二）移动支付的内涵

所谓移动支付，又称手机支付，即允许用户使用其移动终端（通常是手机）对所消费的商品或服务进行账务支付的一种服务方式。单位或个人通过移动设备、互联网或近距离传感直接或间接地向银行金融机构发送支付指令产生货币支付与资金转移行为，从而实现移动支付功能。

（三）门店使用移动支付收银的两种形式

1．移动扫码收银流程（见图 7-1）

条码支付	对接方式	所需设备	收银形式
	收银系统对接	外接扫描枪 	收银员扫描用户出示的条码
	现有 POS 机集成	POS 机 	收银员通过 POS 机内置的摄像头扫描用户出示的支付宝

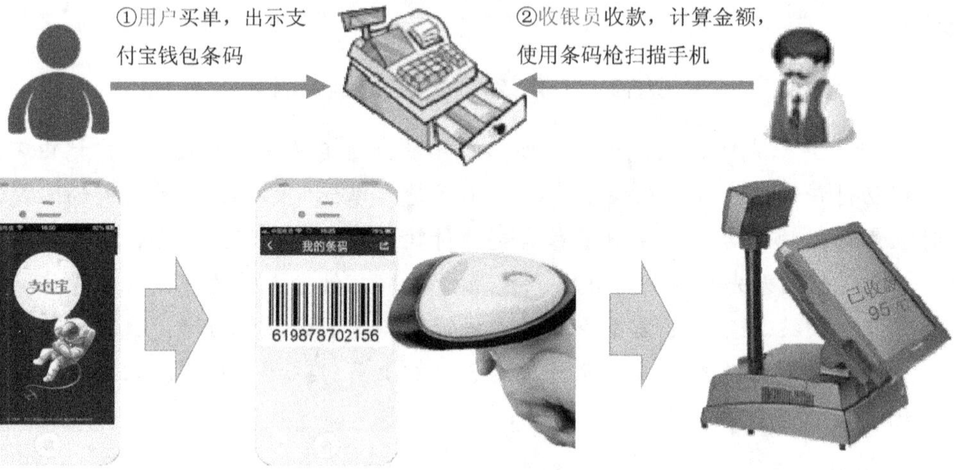

图 7-1 移动条码支付流程图

2．扫码支付（见图 7-2）

扫码支付	对接方式	所需设备	收银形式
	收银系统对接	收银机屏幕/PAD/手机/收银小票生成二维码	用户扫描收银员提供的二维码
	现有 POS 机集成	POS 机 	收银员通过 POS 机内置的摄像头扫描用户出示的支付宝二维码
	现有核销 POS 机集成	核销 POS 机 	同上

图 7-2 扫码支付

优势：

支持收银系统、终端集成，提高收银效率。

3．移动支付流程（见图 7-3）

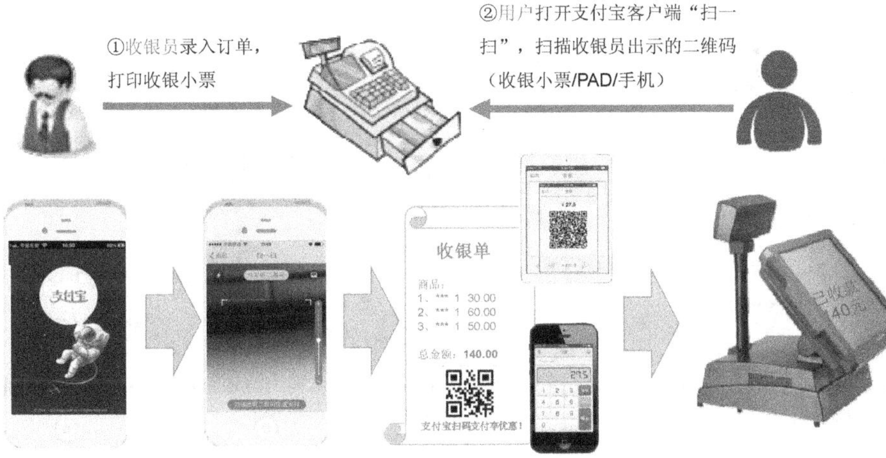

图 7-3　移动支付流程图

二、门店使用最多的条码支付收银操作流程

（一）支付宝支付收银流程

（1）选择商品（见图 7-4）。

（2）选择“支付宝”收款（见图 7-5）。

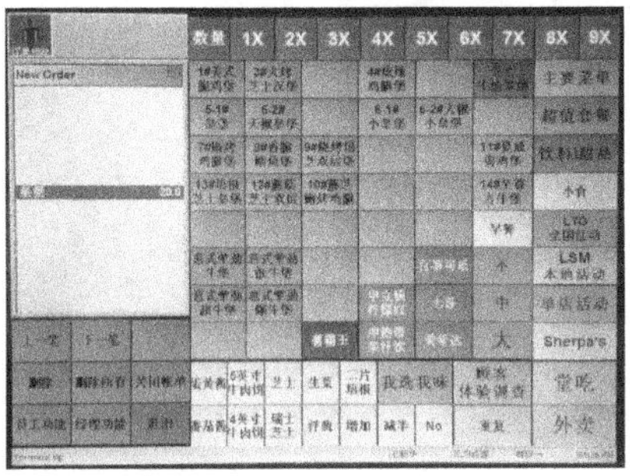

图 7-4　选择商品

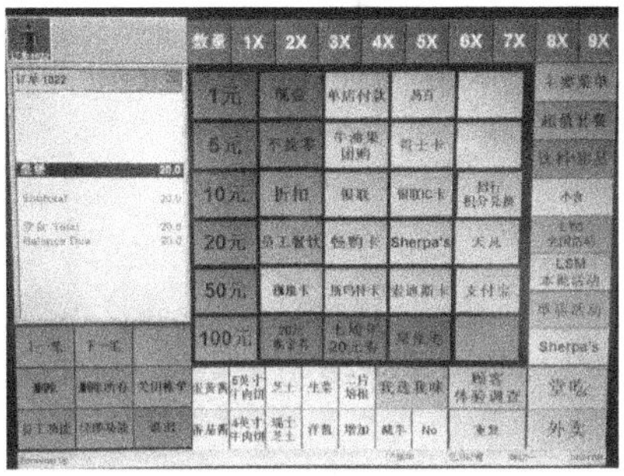

图 7-5　选择“支付宝”收款

（3）进入扫描顾客支付宝条码界面（见图 7-6）。

（4）用条码枪扫描顾客出示的支付宝条码（见图 7-7）。

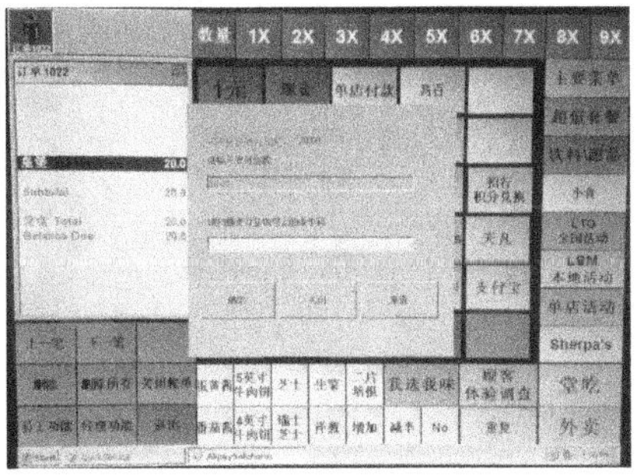

图 7-6　进入扫描界面

图 7-7　用条码枪扫描

（5）扫描条码后，按“确定”键（见图 7-8）。

（6）收款成功、打印小票、向顾客展示账单（见图 7-9）。

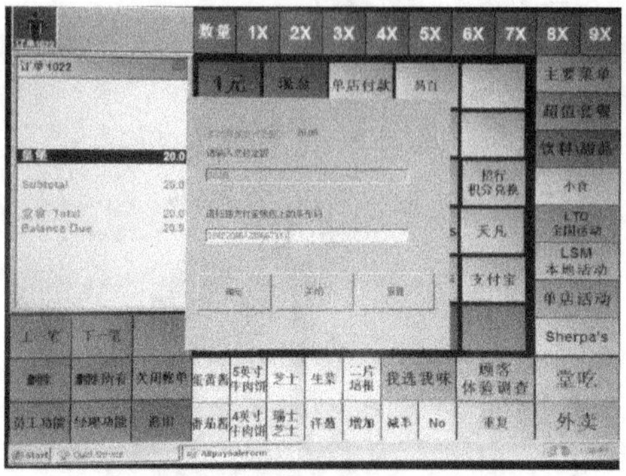

图 7-8　按“确定”键

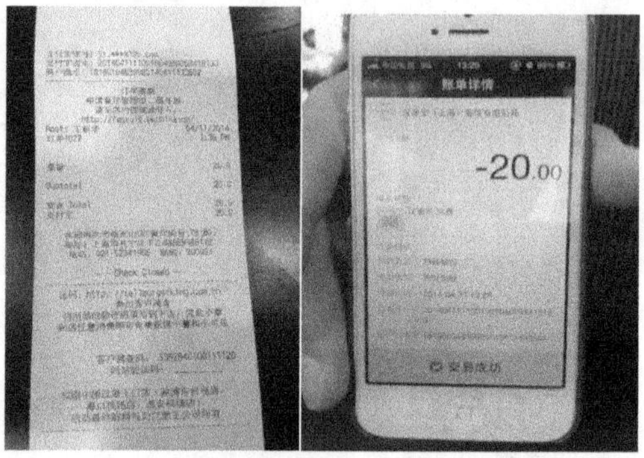

图 7-9　打印小票

（二）微信支付收银操作流程

（1）收银员扫描顾客选购商品，进行常规收银操作（见图 7-10）。

（2）按“付款”键（见图 7-11）。

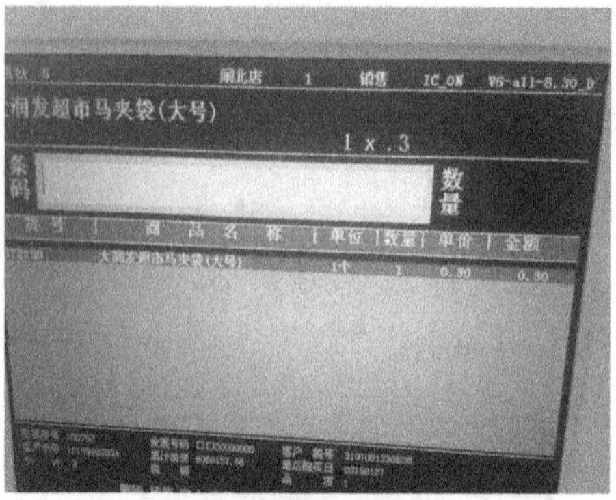

图 7-10　扫描商品

图 7-11　按“付款”键

（3）扫描 APP 中的付款条码（见图 7-12）。

（4）收银机提示“请输入金额后，按‘确定’键继续”（见图 7-13）。

图 7-12　扫描付款条码

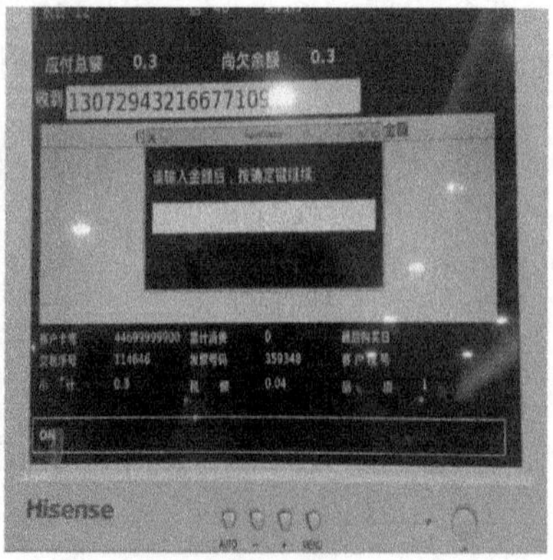

图 7-13　输入金额后按“确定”键

（5）输入金额（见图 7-14）。

（6）按“确定”键，POS 列印出“微信签购单”（见图 7-15）。

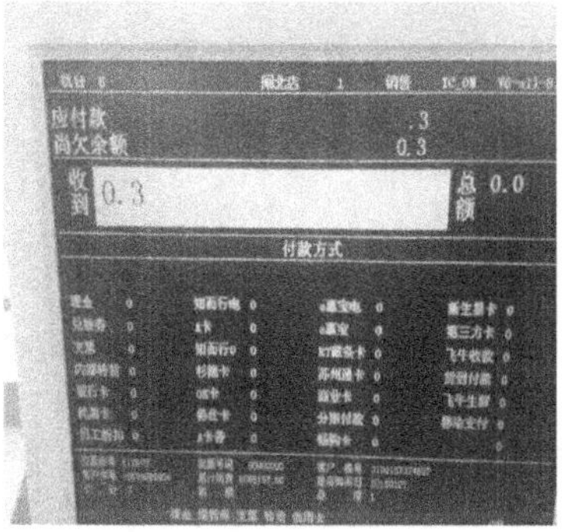

图 7-14　输入金额

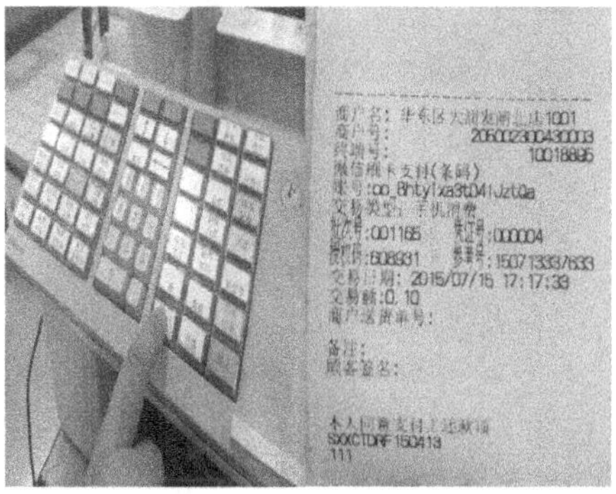

图 7-15　微信签购单

（7）打印购物清单（见图 7-16）。

（8）顾客签字确认（见图 7-17）。

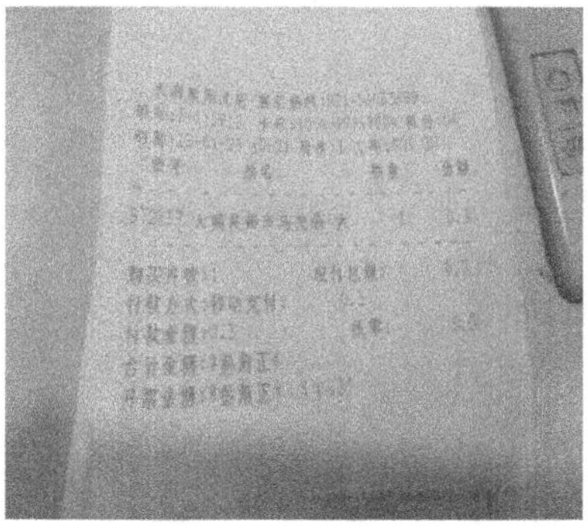

图 7-16　打印购物清单

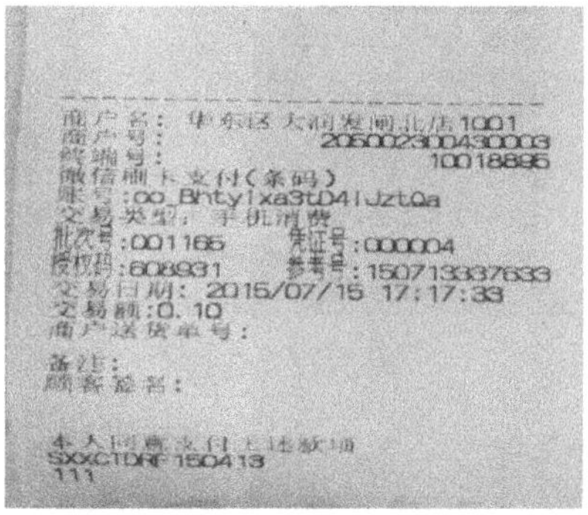

图 7-17　顾客签字确认

（三）条码支付退货流程

（1）POS 机“应用选择”界面，选择“2”键（见图 7-18）。

（2）预付卡磁条管理→选择“菜单”（见图 7-19）。

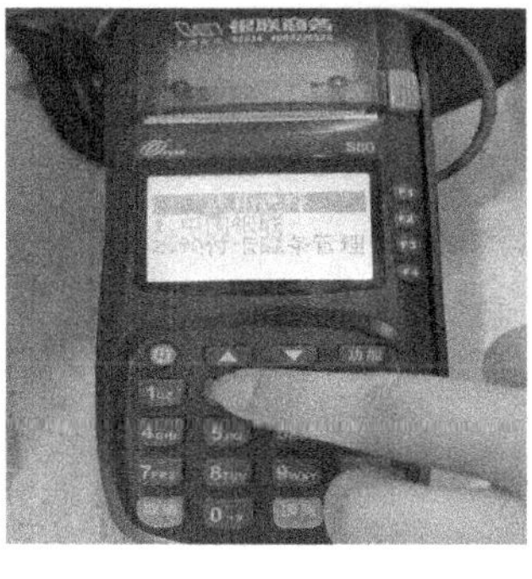

图 7-18　选择“2”键

图 7-19　选择“菜单”

（3）选择“2．退货”（见图 7-20）。

（4）选择“2．支付宝退货”或“3．微信退货”（见图 7-21）。

图 7-20　选择“2．退货”

图 7-21　选择“2．支付宝退货”或“3．微信退货”

（5）选择“1：手输”→输入签购单上的“参考号”或“2：扫描顾客手机 APP”→“交易订单界面”上的“条形码”（见图 7-22）。

图 7-22　选择“1”输入“参考号”或“2”扫描“条形码”

（6）输入退货金额，并按“确定”键→POS 机列印出“退货签购单”（见图 7-23）。

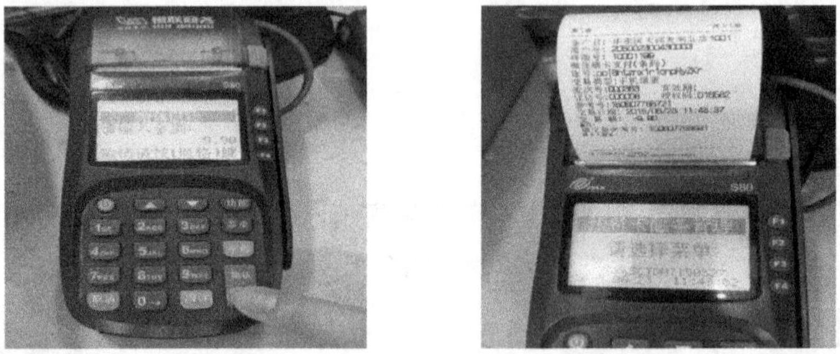

图 7-23　退货

（7）持卡人签字确认（见图 7-24）。

图 7-24　持卡人签字确认

（四）消费POS机日结

消费结算流程如下。

（1）选择“预付卡磁条管理”→选择“菜单”（见图7-25）。

（2）选择“5．结算”（见图7-26）。

图7-25　选择“预付卡磁条管理”→选择“菜单”

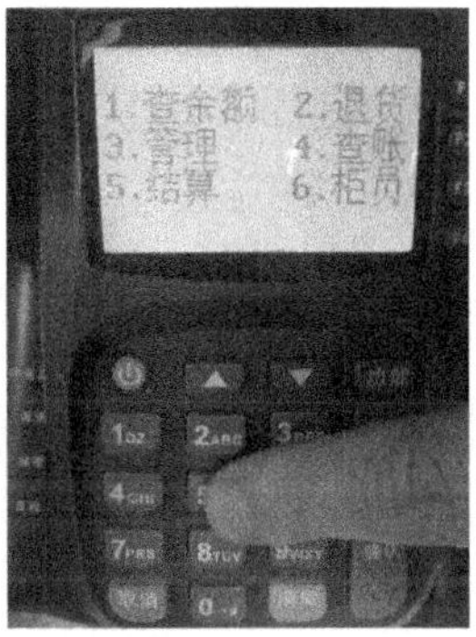

图7-26　选择“5．结算”

（3）POS机列印“消费结算表”（见图7-27）。

图7-27　POS机列印“消费结算表”

（五）退货POS机日结

退货结算流程如下。

（1）选择“预付卡磁条管理”→选择“菜单”（见图7-28）。

（2）选择“5．结算”（见图7-29）。

图7-28　选择“预付卡磁条管理”→选择“菜单”

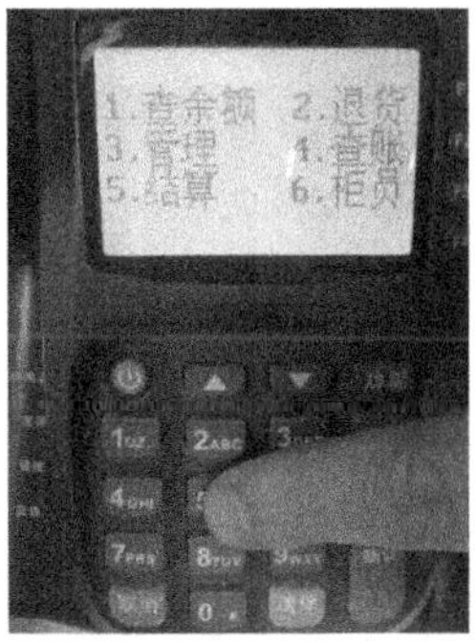

图7-29　选择“5．结算”

（3）POS 机列印“消费结算表”（见图 7-30）。

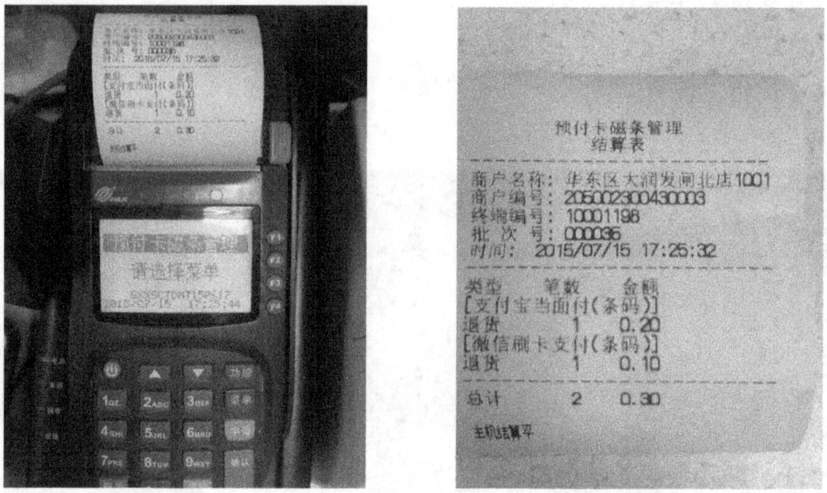

图 7-30 POS 机列印“消费结算表”

三、Apple Pay 支付交易操作流程

（一）Apple Pay 硬件设备支持

1. Apple Pay 移动设备支持

（1）Apple Pay 的手机必须是 iPhone 6 以上手机。

（2）iPad Pro、iPad Pro2、iPad min3（在应用内使用 Apple Pay）。

（3）Apple Pay 的手机版本为 iOS9.2.1。

（4）iPhone5S 手机不支持 Apple Pay。

（5）设备上启用 Touch ID（指纹密码）或密码。

2. Apple Pay 刷卡设备支持

如图 7-31 所示，在印有以下任意一种标志的机具上都可以使用。

图 7-31 标志

3. Apple Pay 如何绑定银行卡

（1）在 iPhone 上，打开 Wallet（钱包）。在 iPad 上，前往设置→“Wallet”或“Apple Pay”

（2）轻点“添加信用卡或借记卡”。

（3）如果你的 iTunes 账户中已有存档的信用卡或借记卡且这张卡片支持 Apple Pay，请根据提示输入该卡片的安全码。否则，请使用摄像头来读取卡片信息，然后填写所需的任何其他信息。

（4）轻点“下一步”，银行将验证信息，并确定你能否将卡片添加到 Apple Pay 中，如果银行需要更多信息，将要求你提供其他验证，你可以在添加卡片后随时进行验证，只需返回到 iPhone 上的 Wallet 应用中或在 iPad 上前往“设置”→“Wallet”与“Apple Pay”，并按照相关步骤操作即可。

（5）验证卡片后，请轻点“下一步”，然后便可以开始使用 Apple Pay。

（二）Apple Pay 收银机台使用流程

使用 Apple Pay 付款在收银机台上的操作步骤与银联卡操作步骤相同。

（1）顾客在使用 Apple Pay 付款时，收银员在机台上选择银行卡付款键。

（2）顾客将手机靠近读卡器（S80POS 机密码键盘），手机上显示“用 Touch ID 支付”将手指放在 Touch ID 上，发送支付信息。

（3）如银行卡有密码的，请顾客再次输入银行卡密码，按“确认”键，无密码直接按“确认”键。

（4）完成后 POS 机出签购单，完成支付。

收银机台操作流程示意图如图 7-32～图 7-35 所示。

图 7-32　步骤 1

图 7-33　步骤 2

图 7-34　步骤 3

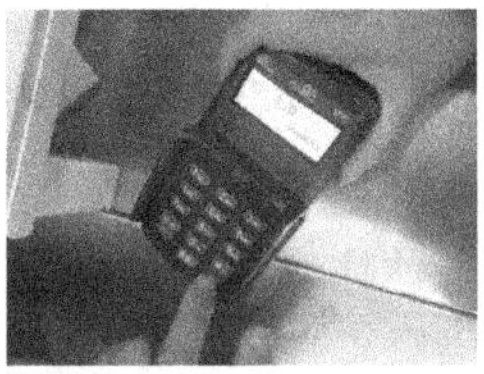

图 7-35　步骤 4

（三）退货流程

（1）顾客退款 100 元以下（含 100 元），门店退现金（同原操作流程）。

（2）顾客退款 100 元以上，门店按手工退款流程操作（同原操作流程）。

（四）Apple Pay 使用注意事项

（1）Apple Pay 使用的交易方式为联机交易，不支持脱机交易，因此无法使用卡内电子现金，所有费用均在卡内账户现金内扣除。

（2）Apple Pay 支付是否需要密码？

借记卡或信用卡如设有密码，则需要刷完手机再输入密码，无密码则直接按“确认”键即可。

练习与实训

一、单项选择题（从四个选项中选择一个正确答案）

1．某先生在商场购物，用手机替代信用卡在商家 POS 机终端支付的方式是（ ）。

A．虚拟支付 B．手机钱包

C．在线支付 D．POS 机现场支付

2．下列不属于个人网上支付方式的是（ ）。

A．网关支付 B．第三方支付 C．货到付款 D．移动支付

3．移动支付模式不包括（ ）。

A．以商家为运营主体的移动支付方式

B．以移动运营商为主体的移动支付方式

C．以银行为运营主体的移动支付方式

D．以第三方为运营主体的移动支付方式

4．下列（ ）不是目前中国第三方支付主流产品。

A．PayPal B．支付宝 C．淘宝 D．财付通

5．PayPal 集多种支付方式于一体，其中不包括（ ）。

A．货到付款 B．信用卡 C．借记卡 D．电子支票

二、判断题（正确的打“√”，错误的打“×”）

1．移动支付指的就是手机支付。（ ）

2．移动支付都是以移动运营商为主体的。（ ）

3．支付宝是国内唯一的第三方支付平台。（ ）

4．Apple Pay 支付方式是目前欧美国家比较流行的移动支付方式，它与国内的支付宝等几种移动支付方式操作方法不同。（ ）

5．支付网关是银行金融网络系统和 Internet 网络之间的接口。（ ）

三、拓展强化

1．尝试用微信或支付宝绑定一张银行卡并进行账户充值，再使用微信或支付宝完成一笔网上交易（记录操作的全过程）。

2．查阅相关资料，比较网关支付、第三方支付、移动支付各自的优缺点。了解目前移动支付的最新发展。

模块4　收银机知识

收银机是一种特殊的精密电器，作为一位收银员，我们如何呵护“工作伙伴”，让它更好地为我们服务呢？

“工欲善其事，必先利其器”。我们的这个“器”就是收银机，只有好好爱护它，它才能成为我们工作中的好帮手。

同学们，让我们来一步步认识和掌握我们的好帮手——收银机吧！

单元8　收银机与操作技能

学习目标

1. 了解收银机的基本特点及其结构；
2. 掌握收银机的主要功能及相关作用。

【案例】

收银的好帮手——收银机

王超是某中专学校商贸专业二年级的学生，寒假期间，学校组织部分学生到超市去见习。临行前，学校征求同学们的愿望：个人希望能从事何专业、何工种的学习和实践。王超对收银员这个岗位向往已久，而且，在校期间她也学习了许多收银的课程，于是，她便报了收银岗位。

她来到收银岗位，主要是见习，给老收银员当帮手。看着老大姐双手在收银键盘上熟练地跳跃，看着收银机屏幕上变化无穷的画面，看着收银打印机打出的一张张小票，真是眼花缭乱。顾客较少时，老大姐也让王超尝试一下，谁知王超却手忙脚乱。几天下来，王超暗下决心，一定要熟练掌握自己的工作伙伴——收银机。

一、认识电子收银机的基本结构

电子收银机（Electronic Cash Register，ECR）主要由电子器件和机械部件组成，有如下几个基本部分，如图8-1和图8-2所示。

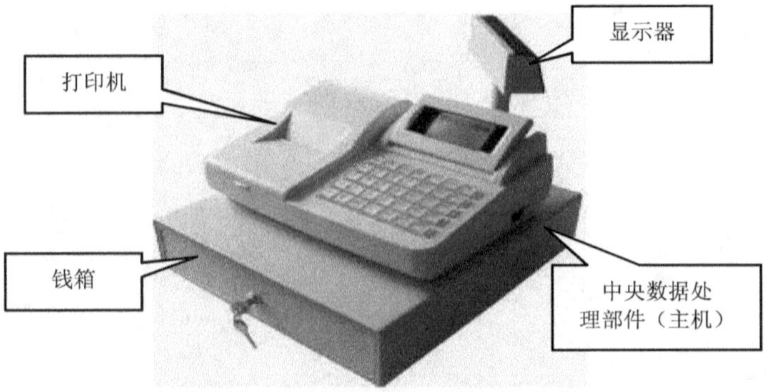

图8-1　收银机

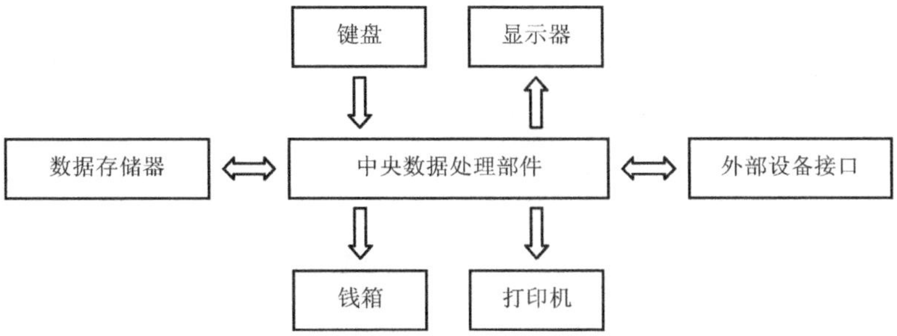

图 8-2　电子收银机结构图

（1）中央数据处理部件。它是电子收银机的心脏，用于处理、计算由键盘输入的商品件数、金额等各种收款数据，控制收银机的各种设备和部件。

（2）数据存储器。用于存储机器的程序和销售商品的数量、金额、税和各类报表等数据信息。

（3）键盘。用来输入各种销售数据，有机械式、电容式及薄膜式键盘。前两种输入速度高，商场、超市一般多用此种；薄膜式键盘防水防尘，主要适用于餐饮业。

（4）打印机。它是 ECR 输出的关键部件，用于打印销售发票和管理存根。对于商业企业，一般要求双层存根或双层打印。打印机有字轮打印机、针式打印机、热敏打印机和压感打印机。

（5）显示器。ECR 的显示部件一般有两个，一个是收银员用的显示器，另一个是提供给顾客用的显示器，这样方便收银员和顾客进行人机对话，采用荧光数码或液晶数码显示。

（6）钱箱。用于存放收款现金，带有电子控制的开关装置。

（7）ECR 的外部接口。用于连接条码阅读器、发票打印机、电子秤及通信联网等。不同的收银机采取不同的外部接口。

（8）权限锁。用于实现权限控制。

（9）ECR 的运作软件。用于销售数据的录入、加工、输入、存储、传送、通信，并对各设备进行管理。

二、POS 终端机的基本结构

POS 终端机俗称 POS 收银机，随着计算机技术的普及和商业领域管理的提高，POS（Point of Sales，POS）收银机的需求不断增多。作为收银员，想要更好地做好收银工作，就有必要对 POS 机有一个基本的了解。目前，绝大多数超市使用的电子收银机都是基于计算机 Windows 平台的 POS 收银机，其基本结构如图 8-3 所示。

（1）主机。主机包括中央处理器及主板，是 POS 机的核心，控制着 POS 机的运行。随着科学的发展，POS 机的中央处理器（俗称 CPU）大部分都是工控低能耗 CPU，配备工控低能耗 POS 机专用主板，40G 硬盘和 256M 内存，机器性能得到大幅度提高。

（2）显示器。POS 机的显示器由主显示器和辅助显示器组成。主显示器也就是计算机屏幕，是收银员工作的视频窗口，主要用于显示在收银结算过程中的商品信息、交易信息等。

辅助显示器又叫顾客显示器，它始终是面向顾客的，用来同步显示交易价格、金额等数据信息，供顾客对信息进行查看、核对。

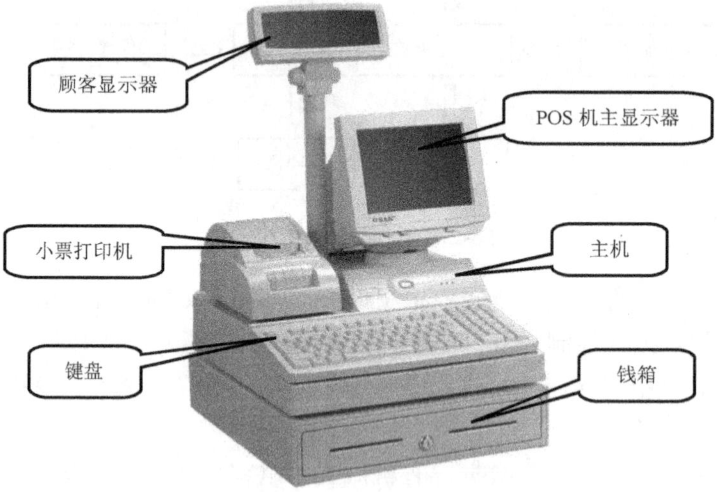

图 8-3　POS 收银机

（3）键盘。一般 POS 机配备专用键盘，键盘输出与普通 PC 的键盘兼容，其主要功能是用来输入各种销售数据及相关信息，具体结构如图 8-4 所示。

图 8-4　键盘

（4）小票打印机。一般分为针式小票打印机和热敏小票打印机，主要用于打印收银小票，交给顾客作为购物凭证；也可用于收银员在交接班时打印各种报表或单据，如图 8-5 和图 8-6 所示。

图 8-5　针式小票打印机

图 8-6　热敏小票打印机

（5）钱箱。用于放置收银员所用的货币资金（备用零钞、营业款），配有锁，可与 POS 机连接，带有电子控制的开关装置，通过键盘上的按键自动打开，也可单独使用，如图 8-7 所示。

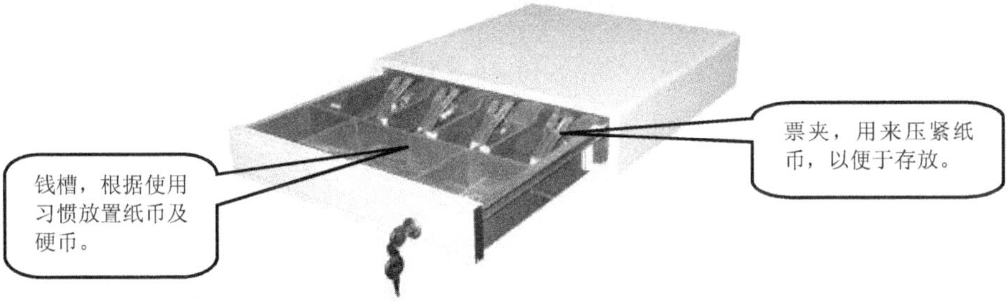

图 8-7　钱箱

（6）外部设备接口和外部设备。POS 机带有与微机相同标准的串行通信口、并行通信口及扩展槽。POS 机的外设扩展能力比 ECR 收银机强得多。配备的外部设备有以下几种。

① 条码阅读器。用于收银员为顾客提供收银服务时扫描商品、获取商品信息。常见的条码扫描器如图 8-8 所示。

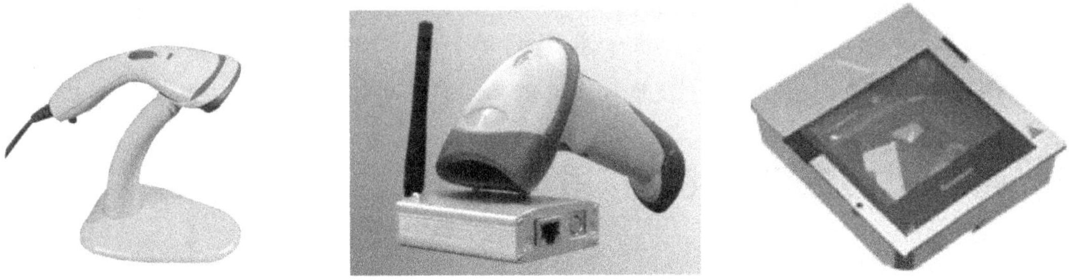

手持式有线条码扫描器　　手持式无线条码扫描器　　嵌入式平台条码扫描器

图 8-8　条码扫描器

在图 8-8 中，前两种均可称为手持式扫描器，后一种从大类角度上说可称为固定式扫描器。它们各有其特点，具体来说，手握式扫描器的优点为价格便宜，移动性强，且适用于较重或标签位置不易看到的商品的扫描；缺点是扫描感较差，扫描动作常需重复多次才有感应，固定式扫描器则正好相反。

② 电子秤。对一些零售称重的商品由电子秤向收银机发送称重量信息，以便收银员进行有关结算，如图 8-9 所示。

③ 条形码电子秤。对一些拆分包装、重量不等的商品，除可使用条形码电子秤称重外，还可打印该种商品带有价格的条形码，以便收银员根据条码上所列内容进行销售结算，如图 8-10 所示。

④ 磁卡阅读器。读取信用卡信息，用于银行卡、商户发行的优惠卡、会员磁卡等，如图 8-11 所示。

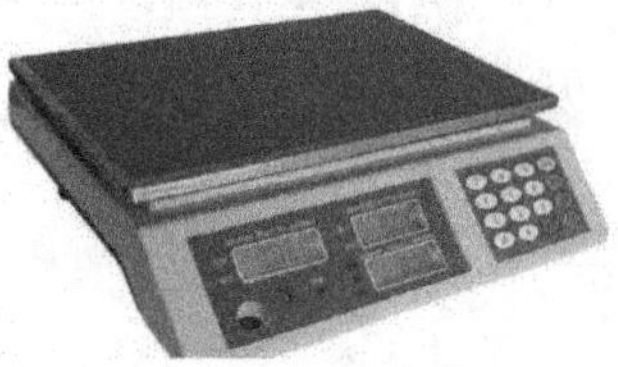

图 8-9　电子秤

图 8-10　条形码电子秤

图 8-11　磁卡阅读器

小贴士

税控功能

实际工作中，除了 ECR 和 POS 收银机两种常见的收银机外，其实大多数超市和连锁卖场用的收银机都是加上了税控功能的。

由于超市存在开票量大，开票速度要求快的需求，打印发票时，采用税控收银机打印已成为最佳方案。简单地说，机打发票具有如下优点。

（1）降低成本：通过使用滚筒式发票，有效降低开票成本 50%~70%。

（2）提高效率：方便快捷的机打开票操作，减少收银员手工开票的烦琐程序。

（3）便于管理：安全性能高，更便于管理。

（4）票据简单：超市购物，不再小票换发票，不管金额多少，一张发票就能完成。

三、收银机的主要功能及作用

1. 收银机的功能

收银机是零售企业或超市等服务业处理柜台业务的多功能计算机。具体来说，它具有如下主要功能。

（1）准确、高效、自动地进行交易和信息处理。

（2）商品单品管理：按商品编码销售（PLU 或条形码）。

（3）商品部分管理：按商品的大类或品种销售。

（4）员工管理：收银员的账务管理和营业员的劳动效率统计。

（5）顾客管理：记录顾客购物情况，分析购物高峰及倾向。

（6）促销管理：折扣、减价等。

（7）货币管理：多种付款方式，支持外币付款。

（8）收据的流水账管理：每天可自动打印销售流水。

（9）信用销售管理：信用卡结算和客户挂账处理。

（10）税收管理：自动计算税金。

（11）非销售业务的收、支、借、贷处理。

（12）业务权限管理：限定交易的批准功能。

（13）部分后台管理：畅销表、滞销表、ABC 分析、库存管理、毛利计算。

（14）信息通信与联网处理：与 PC 上位机通信形成收银机网络系统（POS 系统）。

（15）统计报表和查询管理：各种 Z/X 报表，有财务报表、PUL 报表、部门报表、收银员报表、营业员报表、货币分类统计报表、库存报表、时间段报表、客户报表、销售分析报表等。

（16）盘点数据的录入和复核功能。

以上是收银机所具有的主要功能，由于收银机的种类、档次和型号差异较大，某些低档类机是不具备一些功能的，有些功能虽然具备，但受用户的管理水平、应用环境等条件的限制，可能实现不了。

2. 收银机的作用

（1）收款迅速、准确。收银机录入顾客的购货信息后，能做出快速的反应，即准确地计算出该笔交易金额，显示顾客购买商品及收、付款信息等。减少了收银员对交易金额的计算时间，提高了收款速度，减少了顾客等候时间，极大地方便了顾客，提高了收款的准确性，给顾客以最大的信任感。

（2）支持多种付款方式。在正常交易中，收银机支持现金、支票、信用卡、礼券、提货单等付款方式，甚至支持在同一笔交易中用多种付款方式，极大地满足了顾客不同层次、不同方式的需要。

（3）结账准确、杜绝差错、堵塞漏洞。收银机的使用，使交易过程中的钱、物得到了较为严格的控制。每日营业终了，收银员通过收银机打出当日销售报表，与各营业小组相核对，做到日清日结。大大地缩短了结账时间，提高了结账的准确性，有效地杜绝了手工收款在结账时出现的长短款现象，有效地堵塞了管理中的漏洞，减少了商场人为的经济损失。

（4）业绩统计，为管理服务。作为企业管理信息系统的基础环节，收银机可为企业管理提供决策服务。收银机作为企业销售的前沿，记录了有关销售的各种信息，直接为后台提供准确无误的商品交易信息。

① 收银机能够记录收银员、营业员的销售业绩及顾客的购物信息，企业管理者根据收银机提供的各种报表，合理地制定员工工资报酬方案。

② 通过商品销售信息分析，调整商品结构，科学、合理地进行库存控制。

③ 统计营业中现金、支票、信用卡等不同付款方式的交易金额，为前台销售与财务管理工作的衔接提供了准确的数据。

总之，通过收银机记录的各种信息，可以使决策者对企业的资源进行全面规划、合理分配使用，实现企业人、财、物、购、销、存的一体化管理，提高企业经济效益和管理水平。

四、收银机的操作技能

1. 收银机的键盘功能

某收银机键盘示意图如图 8-12 所示。

收银机键盘可视企业收银的具体需要进行重新设置，其主要功能如表 8-1 所示。

负优惠 C	注销 F8	交班 F9	发送 A		接收 Z	挂单 I	提单 O	开钱箱 ←		收款员 Pgup
	取消 edn	优惠 ins	7	8	9	单价 \	牡丹卡 ↑	长城卡 .	走纸 /	售货员 Pgdn
	作废 home	折扣 delete	4	5	6	退格 →	支票 —	龙卡 ;	金穗卡 P	
	前页 k	前项 1	1	2	3	数量 backspace	现金 .	招银卡 Q	礼券 J	
	后页 m	后项 ,	0	00	Del	商品编码 enter	结算 =	会员 u	退货 ↓	

图 8-12　键盘示意图

表 8-1　POS 机键盘常见的按键功能

键名/按键功能	功 能 描 述
数字	供数字录入（如手工录入商品条码、金额等）
确定/回车	操作结束的确认
删除	删除光标前的一个字符
清除	清除已经扫描的一个或多个商品信息（在多扫、错扫或顾客放弃购买某商品等情况下使用）
开钱箱	在收银界面可打开钱箱
挂单	在收银结算时，保存交易信息，但不入流水账。多用于顾客在付款过程中暂停结算时。按“挂单”键，可将顾客已购买的商品信息保存下来（顾客不需要付款，可进入超市继续选购商品），收银员将此笔业务挂单后方可进行下一顾客的收银结算操作
提单	挂单后，顾客继续结账时，按“提单”键，调出被挂单业务，继续为此顾客进行收银结算操作
数量	输入商品的数量，按此键，可自动修改数量，避免多次扫描
会员	顾客出示会员卡，可进行会员卡的读取
合计/结算	计算当前一笔交易的应付金额
银行卡等	提供非现金的结算方式
上下左右箭头	光标移动键，用来移动光标，修改当前某一字段
修改售价	对“可议价”的商品在销售时进行价格的修改
Esc	退出当前操作状态

2．收银机的操作

通常 POS 收银机的操作规程是按照软件设计的具体要求进行的，因此超市、便利店、零售店非常注重 POS 收银机的操作程序，下面详细介绍 POS 收银机的操作程序。

（1）开机。打开收银机的电源开关，等待机器的启动，直到弹出“员工登录”窗口。

（2）登录。在“员工登录”窗口，先输入正确的员工号，按下“回车”键，输入口令后按下“回车”键，如果口令正确即可进入系统。

（3）退出。在“销售”窗口中，按下“回车”键（或“1”键）表示“确认”，即退回到“员工登录”窗口，等待下一个员工登录。

（4）关机。如当前在“销售”窗口中，则先按第（3）条所述退出。如在“员工登录”

窗口中，按下“退出”键，屏幕上会出现两个询问窗口，按下“回车”键（或“1”键）表示“确认”，等待片刻，直到出现“现在您可以安全地关闭计算机了”字样即可关闭电源。

（5）输入交易明细。在“销售”窗口中的明细“货号”栏输入商品代码（可以采用条码扫描、键盘输入代码和热键三种方法）。如果没有此商品，则不显示该商品的名称等信息，且光标停留在“货号”栏中；如存在此商品信息，则将显示出该商品的名称、单价等信息。在“数量”栏中输入销售数量，如果不输入则数量默认为 1。如要修改，则可以使用箭头键，将光标移动到需要修改的明细上，直接进行修改。

（6）交易开票。按照第（5）条所述，进入交易开票后，屏幕右上角第二行将显示当前交易的“应收”金额，在“预付”金额中输入顾客所付的金额数，按“回车”键后显示出“应找”金额，再按下“开票”键，当前交易即完成。

（7）退货。在“销售”窗口中，按“退货”键即进入“退货”窗口。如果屏幕中间出现“经办人登入”窗口，则说明当前登入的员工没有“退货”权限。如果经办人登入成功则进入“退货”窗口。

（8）冲账。冲账就是对已经做过的交易产生一笔新的交易使之相互冲抵。在“销售”窗口中，按下“冲账”键即进入“冲账”窗口。如果屏幕中间出现“经办人登录”窗口，则说明当前登录的员工没有“冲账”权限。如果经办人登录成功则进入“冲账”窗口，选择某一笔交易，按下“开票”键后进行冲账。

（9）修改口令。在“销售”窗口中，按下“功能”键，出现修改口令框：先输入旧的口令，如果正确就可以输入新的口令；输入新的口令；将新的口令再输一遍，前后口令必须一致。

3. 收银机结束工作的操作

（1）收银机在结束工作后要退出工作状态。

（2）二类机在结束工作后退出工作状态时，收银机要进行签退程序的操作。操作方法如下：输入“0”，按“签到/收据”键，然后将钥匙拨到锁机挡。此时键盘上所有按键都失去作用，然后关闭电源开关。

（3）三类机则根据屏幕提示，用户按步骤退出收款状态，回到主界面日结，取出钱款，收银员签退，退出系统，然后关闭主机电源。

4. 收银机操作流程

收银员在收银台进行收银操作时应该遵循规定的流程，要求在准备阶段准备认真、充分；营业阶段正确、礼貌、迅速；在营业结束阶段程序到位、注意安全。一般而言，收银机的操作流程如图 8-13 所示。

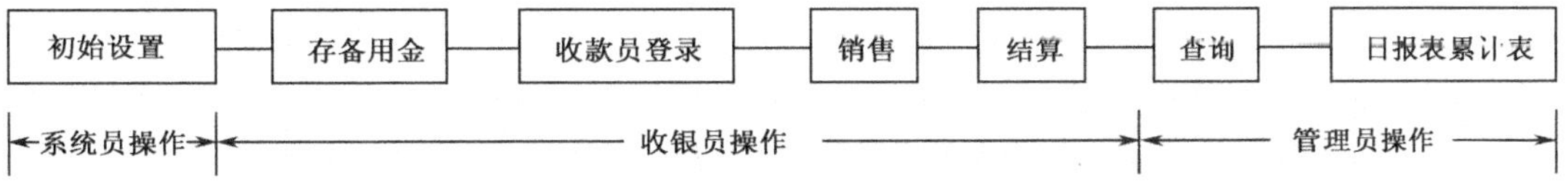

图 8-13　收银机的基本操作流程

从图 8-13 中可知，在整个收银机的操作流程中，收银员操作的只是其中的一部分流程，其他部分则分别由系统员和管理员负责。因此，收银员要有整体观念，与商场其他员工密切配合，才能更好地完成收银任务。

牛刀小试

课外实践——看看有哪些收银设备

同学们已经了解并掌握了电子收银机的基本结构、POS 机的基本结构、收银机的功能与作用。请同学们利用课余时间到校园实验超市或校外大型超市进行调查，观察收银员所使用的收银设备，进一步了解并掌握收银设备的基础知识。

练习与实训

一、单项选择题（从四个选项中选择一个正确答案）

1．POS 机的核心部件是（　　）。

A．显示器　　B．打印机　　C．主机　　D．键盘

2．POS 机钱箱中用来存放纸币的是（　　）。

A．票夹　　B．钱槽　　C．扎条　　D．钱包

3．收银员的下机操作一般在（　　）窗口进行。

A．“员工登录”　　B．“销售”　　C．“开票”　　D．“签到/收据”

4．“删除”键与“清除”键的区别在于（　　）。

A．删除光标前一个字符　　B．删除已经扫描的一个商品信息

C．删除已经扫描的多个商品信息　　D．删除顾客放弃购买的某商品

5．收银机的主要输入设备是（　　）。

A．显示器　　B．打印机　　C．主机　　D．键盘

6．不属于 POS 终端收银机的基本构成部分的是（　　）。

A．显示器　　B．小票打印机

C．键盘　　D．条形码电子秤

7．收银机能够进行收银员的账务管理和营业员的劳动效率统计工作，是体现了收银机的（　　）功能。

A．顾客管理　　B．员工管理

C．税收管理　　D．收据的流水账管理

8．收银机能够进行 ABC 分析、库存管理、毛利计算的工作，体现了收银机的（　　）功能。

A．统计报表和查询管理　　B．业务权限管理

C．信息通信与联网处理　　D．部分后台管理

二、判断题（正确的打“√”，错误的打“×”）

1．POS 机的副显示器是提供给顾客用的显示器，这样方便收银员和顾客进行人机对话。（　）

2．条码扫描器是 POS 机的核心，控制着 POS 机的运行。（　）

3．条码扫描器用于收银员为顾客提供收银服务时扫描商品、获取商品信息的部件。（　）

4．收银机能够准确、高效、自动地进行交易和信息处理，是相关企业的基本办公用具。（　）

5．收银机的员工管理功能主要体现在记录顾客购物情况，分析购物高峰及倾向等方面。（　）

6．根据实际工作的需要，现在大多数超市和连锁卖场用的收银机都是加上了税控功能的。（　）

7．打开收银机的电源开关，等待机器的启动，就会出现“销售”窗口。（　）

8．通过收银机记录的各种信息，可以使决策者对企业的资源进行全面规划、合理分配使用，实现企业人、财、物、购、销、存的一体化管理，提高企业经济效益和管理水平。（　）

9．固定式扫描器的优点为价格便宜，移动性强，且适用于较重或标签位置不易看到的商品的扫描；缺点是扫描感较差，扫描动作常重复多次才有感应。（　）

10．对一些拆分包装、重量不等的商品，除可使用条形码电子秤称重外，还可打印该种商品带有价格的条形码，以便收银员根据条码上所列的内容进行销售结算。（　）

三、实训

1．知识点阐述。通过对 POS 机结构的学习，请同学们能够在 1 分钟内准确地阐述 POS 机的基本构造和外部设备的名称及作用。

2．扫描商品。要求同学们本着快速、准确的原则，以最规范的操作进行商品扫描训练，熟记实验超市中大众商品的条形码所在位置，利用机器扫描和人工扫描相结合的方式进行无漏扫描。同时做好成绩记录，检测同学们的熟练程度。

四、能力拓展

角色扮演：在校园实验超市为背景，同学们 10 人一组，一人扮演收银员，9 人扮演顾客前来结账。比比看，哪位同学收银速度最快、最准确。成绩优秀者可颁发“收银新星称号”。

单元 9　收银机及相关设备知识

学习目标

1．掌握收银机在日常工作过程中的使用和保养；

2．掌握收银员在收银工作中的注意事项。

【案例 1】

细心呵护才能高效运作

好又多超市 3 号收银机近来常常出故障，往往在营业高峰，顾客排成长队等待收银时，3 号机不是计算机死机就是打不出小票。维修人员经细致检查，在收银机键盘、打印机进口处清理出不少的残渣。

原来，不久前招收了一名叫王岚的收银员。王岚在某中专学校学习期间，成绩突出，尤其是收银技能方面，如点钞、计算、为顾客装袋服务等都得心应手。来到超市后，王岚也较快地适应了岗位的要求，工作中也没有大的差错。然而，王岚有一个习惯，爱吃零食。在收银闲暇时，常常吃点零食，喝点茶水，有时也会趴在键盘上休息一会儿。因此，不少残渣落入机器内，造成机器常出故障。

一、收银设备的安全使用

一般情况下，我们家里都有很多的家用电器，平时在使用过程中都会养成一定的使用习惯，也比较注重对其进行保养和维护。收银机也可以说是一种特殊的精密电器，那么作为一位收银员如何在工作中加强对我们“工作伙伴”的呵护，使它能够更好地为我们服务呢？

掌握收银机的使用与保养常识是非常重要的。收银机是机电一体的设备，在安装放置机器的时候，不要将机器放在高温、潮湿、酸性气体、振动频繁等不良环境中。使用中应严格遵守操作规程，注意设备的保养和日常维护。

1．操作注意事项

（1）不要将金属物品或水杯等放在机器上，一旦使金属物品或液体进入机器，就可能会引起短路而损坏机器。

（2）机器工作时不能打开机壳或其他盖板，以免造成不必要的伤害。

（3）不要阻塞机器的通风口，否则会使机器过热而烧毁。

（4）移动机器时，首先要拔掉电源线，否则会损害电源线而造成短路或断路。

（5）不要使用与机器规定不符的电压，否则会损坏机器。

（6）在更换打印纸时，注意不要让头发或其他杂物卷进打印机的齿轮中，这样容易造成事故。

（7）不要倚靠在打开的钱箱上，否则容易导致机器摔落而损坏机器。

2. 日常维护和定期保养

收银机是使用非常频繁的设备，在大商场里每台收银机每天要完成上百笔交易，特别是打印设备，是故障最高的部件。因此，做好收银机的维护工作显得十分重要。

（1）要经常清除机器转动部位和字轮、字锤的纸屑、纸毛、异物，清除油污，擦拭机器。

（2）及时更换消耗品，如色带、打印纸等。

（3）定期检查、紧固松动的螺钉，保证机器处在最佳的工作状态。

（4）在维护过程中，发现打印机的部件有磨损，应及时更换。

（5）收银机的维护应当周期性地定时进行，正常使用情况下，维护的时间应在 2～3 个月内，使用较频繁的，应每个月维护一次。

3. 收银机显示器的维护

（1）使用时首先检查显示器的电源开关是否在打开状态，显示器与主机的连线是否完好，如遇到无任何显示时，要检查显示器的亮暗度旋钮。

（2）对于联网的收银机系统，重新开启收银机时，如果显示器上显示服务器出错，有可能是网线的接口松脱或服务器没有打开。

（3）显示器出现反白时，可通过显示器后面的显示开关来调节。

（4）刚开机时，屏幕显示暂停使用，可检查主机钥匙是否转至收款位置。

（5）额定电压应保持稳定 220～250V，以免造成不必要的损失。

（6）在温度 0～40℃、湿度 10%～80%的环境下正常工作。

（7）切忌把水及其他流质物体、小杂物置于显示器上，以免引起元件烧坏、短路等故障。

（8）信号线与主机的接口正确连接好，扭紧小螺丝，否则显示器无信号输出也不知道。

（9）不能任意打开显示器的箱体。

4. 打印机的维护

（1）当屏幕显示“打印机未准备好”或“打印机未上纸”时，首先检查打印机电源开关，其次看打印机是否已上好纸，打印机的电源线是否连接好。

（2）打印机打出的单据空白时，检查色带是否卡住转不动，应及时更换色带，且规格型号要相符。

（3）当打印机突然停止打印时，检查是否错按了“不出票”键。

（4）打印机面架不能承受过大的压力。

（5）打印机的旋钮杆很小，应小心旋转。

（6）打印机上纸时应将拨杆推至连续纸的位置，否则可能出现打印一段就飞出一段空白纸，浪费纸张。

（7）打印机的打印厚薄间隔要调好，否则会打印不清，甚至会损坏打印头，校正时视纸的具体情况而定。

动脑筋

同学可通过在校园实验超市实习，或者是各卖场收银机的工作情况，总结出收银机在平时保养上应注意的问题。

二、常见故障及排除方法

1．收银机黑屏

（1）如果没有电力供应。检查电源接口和电源线通电情况，检查主机箱电源的接口和电源线是否完好松动，以及显示器是否开启，如果接口和电源线有破损断裂的应当及时更换。

（2）如果供电正常但还是黑屏，请直接与计算机维护员联系。

（3）如果正在工作中，计算机出现断断续续的黑屏，这是电压不稳定造成的，电压稳定时就会恢复正常。

（4）显示混乱。收银机显示混乱一般是由于收银机意外造成内部程序混乱，需要由专业维护人员进行相应处理。

2．打印机不工作

打印机不工作一般是由于打印机某部分被卡住，另外可能是收银机由于异常而造成死机状态，需要依照其具体现象判断处理。有的类型的收银机在打印机盖下装有压感开关，所以当打印机不打印时应首先检查机盖是否关好。另外，看看电源是否接上，指示灯是否亮，暂停灯是否亮，如没有，则应先接好电源，打开打印机电源，按下“暂停”键。

3．收银机报警

收银机报警常见的故障有两个。一个是由于打印机内尘土、纸屑过多，挡住传感器，造成报警。这时应打开机盖，用吸尘器或吹风机清理打印机内部。另一个常见原因是有物品压在收银机键盘上，造成持续报警。

4．收银箱卡住

收银员在每次交易后，将货币放在收银箱内，但如果放置过多，超出收银箱的容纳量，就有可能被卡住。所以当货币量较多时，应取出一部分另外存放。

5．条码扫描器故障

（1）枪顶指示灯不亮，无鸣响或激光。检查电源、插座和电源线，确保电缆已插入扫描仪。

（2）读取一个条码后，扫描器死机。由于扫描器的保护功能，如果读取的条码数据传输错误，会自动进入保护状态，从而防止数据丢失。如果发生这种现象，请仔细检查连线。确认无误后，关掉扫描器，再打开就可以重新正常使用。

不同型号的收银机，有其各自的常见故障，收银员需要根据具体情况进行分析解决。

动脑筋

在实际工作中，我们遇到收银机出现了故障，如机器报警、卡纸等情况，如何及时地修理好，使它恢复到正常使用状态，显得格外重要。因此，当机器出现故障时，我们要有耐心，运用对机器结构的掌握，动手尝试着修理，积累经验，增强我们的工作阅历，久而久之，就会得心应手。

三、商品售卖安全

【案例 2】

收银心不在焉，受损失自食恶果

赵红是一名刚上岗不久的收银员，一天上午，一对年轻男女推着一辆购物车，车上装满商品来结账。在刷卡付了 568 元后，他们表示车内的其他商品已在二楼结过账。赵红当时只顾着和同事说话，没有将商品和发票认真核对。次日上班，防损部告诉她，通过监控设备发现，当天那对男女还有总价值 400 元左右的床上用品没有结账。按商场规定，收银员失误造成的费用及损失，由收银员承担。考虑到赵红上岗时间不长，没有经验，卖场对她处以罚款 240 元，并将其辞退。

收银员如果不严格按照有关规定来开展工作而出现疏漏，会给自己和卖场带来不小的经济损失。因此，在收银工作中，我们要时刻注意下列事项。

（1）开机后先检查收银机的时间，检查机器是否处于网络状态。

（2）收银中一旦出现差错，要将原始单据保留，并由旁人和收银主管签字证实。

（3）如果计算机死机，速将当时的商品品名、编码、数量、交易金额、时间、单据号记录下来，立即通知计算机部，对此，要有计算机部人员及领班签字证实。

（4）如需补单，及时通知计算机维护员进行操作，并且补单只能补上笔交易的单。

（5）收银空闲时间里，不要随意打开钱箱点钞。

（6）上岗时间不得擅自离机，如确实需要离开时必须将“暂不收款”牌放在收银台上，用链条将收银通道拦住，将现金全部锁入收银机的抽屉里，钥匙必须随身带走或交值班主管保管，将离开收银台的原因和回来的时间加以报告。离开收银机前，如还有顾客等候结算，不可立即离开，应以礼貌的态度请后来的顾客到其他的收银台结账，并为等候的顾客结账后方可离开。

（7）收银员不可为自己的亲朋好友结算收款，以免有不必要的误会和可能产生不道德行为，如收银员利用收银职务的方便，低于原价收款，以企业利益来满足自己私利，或可能产生内外勾结的“偷盗”现象。

（8）收银台上除茶水外，收银员不可放置其他任何私人物品。因为收银台上随时都有顾客退货的商品和临时决定不购买的商品，如私人物品也放在收银台上，容易与这些商品混淆，造成他人误会。

（9）收银员在营业期间不可看报与谈笑，要随时注意收银台和视线所见的卖场内的情况，以防止和避免不利于商场的异常现象发生。

（10）不启用的收银通道必须用链条拦着，如果不启用的收银通道也开放的话，会使一些不良顾客不结账而将商品带出。

（11）收银员要熟悉商品的位置、变价商品和特价商品，以及有关的经营状况，以便顾客提问时随时作出解答。

（12）中午交接班时，要求接班人员提前 15 分钟到岗，由上午班员工清点备用金给下午班员工，办好交接手续。如果有的门店是每个员工有自己的备用金，就用自己的备用金。

（13）上午班的员工到收银部交营业款，如数填好一式两联的“缴款单”，由出纳收款。

（14）出纳员收款时如发现异常，应及时通知交款的收银员。

（15）缴款后由出纳员在缴款单上签字认可，收银员收回一联自存备查。

（16）缴款时必须有防损员或收银值日员在场。

（17）下午班的收银员，应该在卖场打烊关门后方可清理钱箱，在“签退”后将钱箱抽出来，检查是否有票据夹在里层，将最后一笔交易号记下来交计算机室核查。

（18）晚班收银员将缴款单连同营业款用袋（箱子）封口或上锁，将备用金另装封口并留好本人名字和日期，由收银经理或主管及防损员在收银交接本上签名后方可离开。

练习与实训

一、单项选择题（从四个选项中选择一个正确答案）

1．收银机的维护周期一般是（　　）。

A．1～2 个月　　B．2～3 个月　　C．3～4 个月　　D．4～5 个月

2．当收银机屏幕显示“打印机未准备好”时，应首先检查（　　）。

A．打印机电源开关　　B．看打印机是否已上好纸

C．打印机的电源线是否连接好　　D．打印机与主机是否连接好

3．收银员填写的“缴款单”格式一般是（　　）。

A．一式两联　　B．一式三联　　C．一式四联　　D．一式一联

4．当打印机突然停止打印，检查是否按错了（　　）键。

A．“提单”　　B．“删除”　　C．“确定”　　D．“不出票”

5．收银机在操作时要注意（　　）。

A．可以将金属物品或水杯等放在机器上

B．不要阻塞机器的通风口

C．可以使用与机器规定不符的电压

D．可以让头发或其他杂物卷进打印机的齿轮中

6．收银机可以放在（　　）环境中。

A．常温　　B．潮湿　　C．酸性气体　　D．振动频繁

7．下列说法正确的是（　　）。

A．收银空闲时间里，不要随意打开钱箱点钞

B．收银台上除茶水外，收银员可以放置其他任何私人物品

C．不启用的收银通道不必用链条拦着

D．收银员在营业期间可以看报与谈笑

8．有关收银机打印机维护的说法不正确的是（　　）。

A．当打印机突然停止打印时，检查是否按错了“不出票”键

B．打印机面架不能承受过大的压力

C．因打印机的旋钮杆很小，应小心旋转

D．打印机的打印厚薄间隔不必调好

二、判断题（正确的打“√”，错误的打“×”）

1．收银机的维护应当周期性地定时进行，正常使用情况下，维护的时间应在10～12个月内，使用较频繁的，应每半年维护一次。（　　）

2．收银机如果发生黑屏，则一定是由于没有电力供应造成的。（　　）

3．收银员在缴款时必须有防损员或收银值日员在场。（　　）

4．收银员可以为自己的亲朋好友结算收款。（　　）

5．收银员如需补单，应及时通知计算机维护员进行操作，并且补单只能补上笔交易的单。（　　）

6．不要使用与收银机规定不符的电压，否则会损坏机器。（　　）

7．有物品压在收银机键盘上时，不能造成收银机的持续报警。（　　）

8．移动收银机时，首先要拔掉电源线，否则会损害电源线而造成短路或断路。（　　）

9．收银员上岗时间不得擅自离机，如确实需要离开时必须将“暂时收款”牌放在收银台上，用链条将收银通道拦住。（　　）

10．收银机在温度0～40℃、湿度10%～80%的环境下可正常工作。（　　）

三、实训

知识点阐述：通过对POS机的了解，请同学们能够在3分钟内准确地阐述POS机的常见故障及其相关的排除办法。

四、能力拓展

场景模拟：假如自己是一名刚上岗的收银员，那么在收银工作中要注意哪些事项呢？（请从硬件维护、工作行为等方面加以阐述）。

模块5　顾客服务

收银是财务工作，但更多的是一项服务工作。树立正确的收银服务观念，主动、热情、周到地为顾客提供优质的收银服务，是我们的职责。

学习和熟练掌握服务的技能和技巧，使我们的服务达到艺术化的高度，是我们追求的崇高境界。

同学们，为了我们的理想，付出脚踏实地的努力吧！

单元 10　收银员礼仪规范

学习目标

1. 了解收银员岗位仪容仪表的基本要求，能在实际工作中注重自己的仪表；
2. 了解收银服务对照表服务用语，掌握收银用语的原则，能熟练运用收银服务用语；
3. 了解收银服务的行为礼仪，熟悉微笑、站姿、手势和服务禁忌要求。

【案例】

收银台一幕

2016 年 12 月 12 日上午，某超市迎来了顾客流的高峰。某顾客推一车物品，在收银台前排队结账。当商品扫描进行到一半时，收银台前来了两位佩戴红色工牌的人物。只见这两位先生跟收银员说了几句话，收银小姐立即放下了手中的工作，与那两位先生核对账单。顾客没说什么，等着。然而 5 分钟过去了，他们三人的核对仍在进行，10 分钟过去了，核对没有结束，顾客与他的家人无奈地交换着表情。15 分钟过去了，顾客实在忍无可忍："你们有完没完，能不能把我的商品算完账再说"。"连个招呼都没有，就把我们晾到一边去了。"其他顾客连连点头表示赞同。三个人这才结束了核对，收银员又继续开始工作，自始至终，没有人说一句"对不起"，顾客很不满意地离开了。

【案例分析】

首先，在顾客结账过程中，为了确保结算的准确及高效，任何人不得随意打扰收银员的正常工作，特别是在购物高峰期时。其次，作为收银员，不得在为顾客结算到一半时，转手去做其他的事。最后，即使有意外紧急事情需要处理，也应跟顾客打招呼并取得顾客同意后方可进行，时间不能超过 3 分钟，处理完事情，必须向顾客致歉。

一、仪容仪表

仪容仪表是一个人精神面貌的外在表现，包括人的仪容、仪表、举止、服饰、气质、风度等。一个人的礼仪风范表明了他的修养，一个公司职员的礼仪风范则代表了公司的管理和经营水平。在日常生活工作中，它反映了一个人精神面貌。其总体要求可概括为：

- 容貌端庄，举止大方；端庄稳重，不卑不亢；态度和蔼，待人诚恳；
- 服饰庄重，整洁挺括；打扮得体，淡妆素抹；训练有素，言行恰当。

收银员的仪容仪表应以整洁、简单、大方，富有朝气为原则，具体讲应注意以下几个方面。

（1）洁净的面部。面部是仪容的重点。作为直接面对顾客的收银员，注重修饰自己的面容是非常必要的。第一，面部要保持清洁，清洗面部时，一定要注意眼角、鼻孔、耳后、脖颈等易藏污垢之处，切勿一带而过。使之无灰尘、无泥垢、无汗渍、无分泌物等。第二，收银员必须注意自己面容的健康状况。如果面部出现过敏性症状，或是长了疹子、疥疮等，一定要及时治疗，以免顾客产生厌烦心理。第三，女收银员应淡妆上岗，自然为宜，不浓妆艳抹，不追求前卫、不标新立异，以庄重、大方、富有朝气为第一要旨。

（2）清爽的发型。发型最能表明一个人的精神状态，是仪容的中心。女员工的发型要以符合个人形象、气质为宜，线条简洁、流畅，美观大方，梳理整齐、自然，留长发者应将头发并与脑后合并束扎，不得披肩散发，不得染怪发，不得戴夸张的头饰等。男员工不可留长发，不得剃光头，在修饰头发时要做到：前发不覆额，侧发不掩耳，后发不触领，下限不为零。头发梳理整齐，保持干净，不可留胡须等。

（3）整洁的服饰。每家公司收银员的服饰都要求统一，一是为了尊重顾客；二是为了适应工作需要；三是为了塑造企业形象。因此，收银员应该保持制服的整洁，不起皱。同时注意衣服、鞋袜、领结等保持色调一致，以体现和谐美。执勤时，员工工号牌、职位配章必须佩戴，挂在统一且固定的位置。注意不佩戴与岗位规范要求不适的饰物。

（4）清新的口气。收银员时刻要与顾客交流，因此应保持口齿清洁、口气清新。上岗前忌吃辛辣浓烈的食物（如大蒜、大葱等），并严禁饮酒或含酒精的饮料。

（5）干净的双手。收银员要不断面对顾客收付款，若其指甲藏污纳垢，或是涂上过于鲜艳的指甲油，会使顾客感觉不舒服。而且过长的指甲，也会造成工作上的不便。因此要求男女收银员均不得留长指甲，且要将指甲修剪好。女收银员不能涂指甲油或只能涂无色透明指甲油。

二、语言礼仪

（一）收银员语言礼仪

语言是人类用来交流感情、沟通信息的工具，它可以反映出一个人的文化修养和道德水平。收银员的语言规范则是公司和个人精神风貌的反映。

收银员在接待顾客的全过程中应讲普通话，服务语言要文明、礼貌、亲切、简洁、准确，做到“五要”“五声”“四不讲”。

“五要”，即语言要亲切，语气要诚恳，语调要柔和，用语要准确，要讲普通话。

“五声”，即来有迎声，问有答声，走有送声，不明白有解释声，不满意有道歉声。

“四不讲”，即不讲粗话脏话，不讲讥讽挖苦的话，不讲催促埋怨的话，不讲与营业无关的话。

顾客进入收银台区时，收银员应面带微笑，主动招呼，做到语言清晰文雅，态度热情持重，举止落落大方，动作干脆利落，给顾客亲切、愉快、轻松、舒适的感觉。

（二）收银服务用语的原则

（1）尊重性原则。每个人都有受尊重的需求。在与顾客交往的过程中，如果收银员态度不好，举止失礼，会引起顾客的不满；反之，如果顾客态度不好，甚至蛮横无理，收银员也应该尊重顾客，一切以顾客为上帝，注意平和处理。

（2）准确性原则。正确揣摩顾客心理，服务用语准确，服务中不要用“可能”、“差不多”等模糊用语。

（3）适应性原则。收银员面对的顾客性格各异，应了解不同顾客的心理，灵活处理各种突发情况。

（三）收银员服务用语

收银员在为顾客服务时，除了应将“请”“谢谢”“对不起”随时挂在口边，还有以下一些常用的待客用语。

（1）当顾客走近收银台结账时，可使用“欢迎光临，您好！/早上好！/早安！/中午好！/午安！/晚上好！”等问候语，要求面带微笑、声音自然、与顾客有目光接触。

（2）称呼顾客时，可选择“先生”“女士”“大爷”“大妈”“阿姨”等。

（3）当收银员欲离开顾客，为顾客做其他服务时，可选择说：“对不起，请您稍等一下”或者“抱歉，请稍等会儿”，同时将离开的理由告知对方。

（4）如果让顾客等候了一段时间，则应该说：“对不起，让您久等了”。

（5）当遇到顾客抱怨时，应仔细聆听顾客意见并做好记录，并说：“是的 / 好的 / 我知道了，我明白您的意思，我会将您的建议呈报领导并尽快改善”。

（6）当顾客要求包装商品时，收银员应说：“请您先在收银台结账，再麻烦您到前面的服务台（同时打手势，手心向上），有专人为您包装”。

（7）当为顾客结账服务时，要做到唱收唱付服务：“总计××元/收您××元/找您××元”。

（8）当收银结束后收银员应主动热情道别：“谢谢，请拿好商品，您慢走。”“谢谢，请您拿好小票，欢迎再来。”

（9）自己空闲而其他收银台有顾客排队或发现有顾客寻找收银机结账时，可以面对顾客点头示意，并说：“欢迎光临，请到这里来结账好吗？”或者“先生/小姐，请往这边走，这边结账……”，等等。

在收银服务中，始终要注意使用致谢用语表达自己对顾客的感激，同时也可以展现本人的修养。一般是对顾客说“谢谢！”这会使顾客感到亲切。

不同情境下应使用的标准用语如表10-1所示。

表10-1 不同情境下应使用的标准用语

情景	标准语言
同顾客打招呼	“欢迎光临！”“您好！”“早上好！”“中午好！”“下午好！”“晚上好！”
暂时离开收银台	“抱歉，请您稍等一下！”
重新回到收银台时	“真对不起，让您久等了！”

续表

情景	标准语言
自己疏忽或没有解决办法时	“真抱歉：……”，“对不起：……”
提供意见让顾客决定时	“若是您喜欢的话，请您……”
希望顾客接受自己的意见时	“实在是很抱歉，请问您……”
当提出几种意见供顾客参考时	“您的意思呢？”
遇到顾客抱怨时	应仔细聆听顾客的意见并予以记录，如果问题严重，不要立即下结论，而应请主管出面向顾客解释。“我明白您的意思，我会将您的建议汇报给店长并尽快改善。”
当顾客买不到商品时	应向顾客致歉，并给予建议。其用语为：“对不起！现在正好缺货，让您白跑一趟。您要不要先买别的牌子试一试？”“请您留下您的电话和姓名，等新货到时我们马上通知您。”
不知如何回答顾客询问时	“对不起，请您等一下，我会请主管、店长来为您解答。”
顾客询问商品是否新鲜时	“一定新鲜。如果您买回去不满意，欢迎您拿来退钱或换货。”
顾客要求包装礼品时	应微笑着告诉顾客：“请您先在收银台结账，再麻烦您到前面的服务总台（同时应打手势，手心朝上），会有专人为您服务。”
当顾客询问特价商品时	应先口述 2 种特价商品，同时应出示 DM 宣传快讯给顾客看，并告诉顾客：“这里有详细的内容介绍，请您慢慢参考选购。”
在店门口遇到购买了本店商品的顾客时	“谢谢您，欢迎再次光临！”（面对顾客点头示意）
收银空闲，遇有顾客不知要到何处结账时	“欢迎光临！请您到这里结账好吗？”（以手指向收银台，并轻轻点头示意）
有多位顾客等待结账，而最后一位表示只买一样东西，有急事待办时	收银员应对第一位顾客说：“对不起，能不能让这位只买一件商品的先生（小姐）先结账？他（她）好像很着急。”当第一位顾客答应时，应对他说声“谢谢”。当第一位顾客不答应时，应对提出要求的顾客说：“很抱歉，大家好像都很急。”
为顾客结账服务时	“总计××元/收您××元/找您××元。”
收银结束时	“谢谢，请拿好商品，您慢走。”、“谢谢，请您拿好小票，欢迎再来。”

小贴士

永恒的商机——微笑

美国最大的连锁店——沃尔玛的创始人沃尔顿生前用一句话概括了他成为百万富翁的秘诀：低买低卖，微笑攻势。

正如纽约一个百货公司的经理所说，他宁愿雇用一名有可爱笑容而没有念完中学的女孩，也不愿雇用一个摆着“扑克”面孔的哲学博士。因为，对于服务行业来说，微笑是至关重要的。

三、行为礼仪

收银服务行为主要是指收银员在接待顾客过程中的站立、手势及面部表情等方面的行为动作。收银员在接待顾客时的行为举止，往往最能影响顾客情绪。收银员举止落落大方，态度热情友好，动作干脆利落，往往会带给顾客亲切、愉悦的感受；反之，举止轻浮，动作拖拉，则会使顾客产生厌烦心理。收银员在工作时对行为举止的总体要求是热情大方、说话和气、不卑不亢、礼貌耐心、敏捷持重、主动周到。

1. 站姿礼仪

站立服务是国际惯例，体现了员工对顾客的尊重，真正体现了顾客至上的理念。其基本要求是“挺直、舒展、自然、亲切、稳重”。

（1）站姿应自然挺拔，头端目正，颈项挺直，站立时收腹挺胸，面带微笑，目视前方。

（2）身体直立，重心放两脚中间，男员工双脚分开与肩同宽，女员工双脚自然并拢。

（3）双臂自然下垂于身体两侧，双手可交叉于背后或腹部，右手轻握左手手腕。

（4）站立时不可依靠商品、货架或任何物体。

2. 手势礼仪

手势是人际交往中必不可缺的动作，是一种富有表现力的“体态语言”。得体的手势，可增加情感的表达，体现对顾客的尊重和礼貌。收银员常用手势有以下两种。

（1）指引手势。五指伸直并拢，掌心朝斜上方，手掌与地面呈45°，腕关节伸直，手与前臂呈直线，整个手臂稍弯曲，头偏向指示方向并以目光示意，面带微笑，目视对方以示尊重。

（2）交谈手势。与人交谈时，使用手势幅度不宜过大，手势不宜过多。不要用拇指指向自己（应用手掌轻按左胸），不要击掌或拍腿，更不宜手舞足蹈。

3. 表情礼仪

收银员要始终面带微笑，温和友好，自然亲切，给人以愉快、舒适的感觉。真诚的微笑应发自内心，始终如一。每位员工在任何时候、任何场合，对待任何人都应该报以微笑。

微笑是可以练习的，其步骤如下。

第一步：“念一”。要使双颊肌肉用力上抬，抬高口角两端，但注意下唇不要太用力。

第二步：口眼结合。眼睛会“说话”，眼睛的笑容非常感人。取一张厚纸遮住眼睛下边的部位，对照镜子，心里想着令自己高兴的事情，鼓动双颊。学会用眼神与顾客交流，这样微笑才会更亲切。

第三步：笑与语言的结合。微笑的同时对顾客说：“早上好”“您好”等礼貌用语。

第四步：笑与仪表、举止相结合。双脚并拢，右手放在左手上，虎口交叉相握，自然垂放于体前，面带微笑，亲切、自然。

4. 服务行为禁忌

（1）见到顾客面无表情，不理不睬。

（2）顾客问话不予理会，态度生硬或不友好。

（3）收款时一边聊天一边工作，效率低下。

（4）收银高峰期手忙脚乱，态度烦躁。

（5）随便离开工作岗位，不请示、不挂暂停服务标牌。

（6）收银空闲时串岗聊天。

（7）站立时把手插进裤兜或抱着胳膊。

（8）工作时间在收银台化妆或看书报、手机等。

练习与实训

一、单项选择题（从四个选项中选择一个正确答案）

1．仪容的中心是（　　）。

A．面部　　B．服饰　　C．头发　　D．双手

2．收银服务的直接对象是（　　）。

A．公司　　B．学校　　C．领导　　D．顾客

3．仪容的重点是（　　）。

A．面部　　B．服饰　　C．头发　　D．双手

4．“欢迎光临，”“您好”属于（　　）用语。

A．请托　　B．道别　　C．问候　　D．致谢

5．下列一般来说不属于收银员行为礼仪的是（　　）。

A．站姿礼仪　　B．手势礼仪　　C．表情礼仪　　D．敬茶

二、多项选择题（从四个选项中选出两个或者两个以上正确答案）

1．发现有顾客寻找收银机结账时，收银员应说（　　）。

A．“欢迎光临，请到这里来结账好吗？”

B．“先生/小姐，请往这边走，这边结账……”

C．“对不起，不要到这边结账！”

D．“您好！请这边结账。”

2．站姿礼仪的基本要求是（　　）。

A．挺直　　B．自然　　C．随意　　D．舒展

3．下列属于收银结束用语的是（　　）。

A．“谢谢，请拿好商品，您慢走。”

B．“谢谢，请您拿好小票，欢迎再来。”

C．“总计××元/收您××元/找您××元。”

D．“对不起，让您久等了。”

4．下列属于收银员规范语言的是（　　）。

A．语言要亲切　　B．语气要诚恳　　C．要讲普通话　　D．语调要大声

5．当收银员欲离开收银台时，可对顾客说（　　）。

A．“真对不起，请您稍等会儿”　　B．“欢迎光临！”

C．“抱歉，请稍等会儿”　　D．“真对不起，让您久等了。”

三、判断题（正确的打“√”，错误的打“×”）

1．收银员在任何时候、任何场合、对待任何人都应该报以微笑。（　　）

2．收银员找零时，可以把钱放在购物袋或收银台上。（　　）

3．收银员工作期间可以带手链和黑色眼镜。（　　）

4．收银员上岗必须戴工牌徽章，但有时忘记带了，可以借他人的使用。（　　）

5．手势是人际交往中必不可缺的动作，是一种富有表现力的“体态语言”，但与人交谈兴奋时不可手舞足蹈。（　　）

6．面对同乡顾客，收银员在工作中可与其用方言交谈。（　　）

7．收银员上岗前不能喝酒。（　　）

8．若让顾客等候了一段时间，收银员应对顾客说：“对不起，让您久等了。”（　　）

四、简答题

1．简述收银服务用语的原则。

2．简述收银服务行为禁忌。

3．收银员应如何练习微笑？

单元 11　顾客服务操作技能

学习目标

1．了解收银前的准备工作和营业后的收银作业；
2．掌握收银准备工作的具体内容；
3．掌握营业中收银作业的顺序；
4．掌握有技巧地检查商品；
5．掌握装袋的原则和技巧；
6．掌握收银中突发情况的应对，并能灵活运用；
7．理解收银员防损的重要性，掌握收银员内部、外部防损应该注意的问题。

【案例 1】

“刁蛮”的顾客

一位顾客在某商场买了一个枕头，买单时收银员用一个袋给她装好，顾客要求再给一个袋子，收银员对她解释一个袋子就可以了。顾客自己扯了一个袋子扭头就走，还到前台进行了投诉，说收银员服务态度不好。

【案例分析】

收银员只给顾客一个袋子的做法原则上是对的，但顾客不满意，要求再给一个袋子。作为收银员应耐心解释、劝说，向顾客宣传保护环境、勤俭节约的意义，若在解释后顾客还是不愿意接受，应满足其要求。作为服务窗口的工作人员，在处理问题时应注意灵活性。

一、收银操作技能

收银员在收银台进行收款操作时应该遵循一定的流程。一般来讲，收银员每日作业流程分为营业前、营业中、营业结束三个阶段。其中，营业中的收银工作流程尤为重要，是三个阶段中最核心的流程。

（一）营业前的收银准备

1．营业前收银准备的内容

超市每日营业前，收银员都有很多工作要准备，具体来说包含以下内容。

（1）参加晨会。收银员每天早上应统一着装，发型、仪容符合规范，左胸佩戴工作牌，按规定的时间到指定位置参加晨会。收银主管则给当班收银员开晨会，总结前一天收银工作，布置当天收银工作任务，特别要强调收银工作的规范和要求。

（2）打扫、清洁、整理收银台台面和收银场地。打扫、清洁、整理收银台台面和收银场地主要范围包括：收银台、收银机、收银柜四周地板、垃圾筒、购物车、购物篮放置处、包装台等。保持收银工作区地面和收银机、操作台面无灰尘、无垃圾、无丢弃物品；扫描器镜面亮洁无污渍；打印机台面干净，验钞机、信用卡机整齐放置，无打印纸头、无零钱等其他物品；收银所需纸卷、统一的封箱带、剪刀、兑零单、兑零包等物品要按规定放置在打印机台的抽屉里；购物袋位置摆放正确，方便收银员包装商品；顾客使用的购物篮应由收银核价员及时送回应该放置的位置；收银台下方可以放杂物篮，以便收银员放一些收银垃圾。

（3）整理、补充收银物品。整理、补充必备的收银物品，主要包括计算器、印章、印盒、必要的记录本及签字笔、订书机、各种尺寸的购物袋、包装纸、胶带、干净抹布、剪刀、统一发票、“暂停结账”牌。

（4）整理、补充收银台前货架内的商品，核对价目牌。整理、补充收银台前货架内的商品种类具体要视超市商品的陈列与布局来定，一般为饮料或速食商品。

（5）准备放在收银机内的定额零钱。当班收银员应领取定额零钱，即各种币值的纸币、硬币等，放在收银机内，方便找零。收银员上岗前（包括每日开店前和营业间重新上岗前）必须设置收银机起始零用金，将之放在收银机的现金抽屉里，每天收银机的起始零用钱金额相同。

（6）确认当日商品有关信息，补充当前特价单和宣传单。确认并牢记当日特价商品、变更售价商品、促销商品等。

2. 打开收银机的步骤

（1）开启电源。检查开关等接触情况，确认无误后开启电源，应检查工作指示灯是否正常。

（2）开启显示器和票据打印机等外设开关。待 USB 工作指示音正常后，开启显示器和票据打印机等外设开关。注意：顾客显示屏、POS 键盘和钱箱由主机直接供电，没有电源开关。

（3）开启 POS 机主机的电源开关。开启 POS 机主机的电源开关时可听到条码扫描器通电指示音，系统开始自动执行管理软件，进入相应待机界面。

3. 登录销售系统

登录销售系统的流程如下。

（1）打开收银机后，首先选择进入 POS 销售系统。

（2）在员工登录窗口，输入正确的员工号，按“回车”键。

（3）输入登录密码，然后按“回车”键。

（4）系统进入销售操作界面。

小贴士

收银机网络故障检查

（1）检查确认后台管理系统所在的 PC 已开启，且顺利进入后台管理。

（2）检测 POS 机主机背面的 LAN 口上网络接头是否连接好，并确认接触良好。

（3）如果使用交换机或集线器进行网络连接，请确认交换机或集线器已通电，并确认其背面所有接头均接上并接触良好。

（4）检测后台 PC 背面的 LAN 口上接有网络接头，并接触良好。

（二）营业中的收银技能

营业中的收银总体要求是礼貌、迅速、正确、手准、眼清、唱收唱付声音响亮、清晰。其收银作业应按以下顺序进行。

（1）接待顾客。现金收款是顾客在超市、商场或其他零售业最主要的付款方式。顾客临近收银台，收银员应主动招呼顾客，坚持做到 3 米之内见微笑，并使用公司规定的礼貌用语"欢迎光临！""您好！""上午好！""中午好！""下午好！""晚上好！"等。

（2）扫描商品。收银员必须熟悉一般商品的条码粘贴部位，当顾客结账时，收银员帮助顾客将所购物品放置在收银台上，然后逐一准确地把商品条码面对扫描器进行扫描，同时逐项念出每件商品的品名和金额。扫描登记时，要手快且准确无误。每刷入或敲入一件商品应仔细核对实物与计算机中所刷入商品是否相符，随时核对所录数量，录完商品后需再次询问顾客以确定是否还有其他商品。

（3）消磁商品。收银员应对逐一扫描后的商品进行消磁，包括消磁器消磁和人工消磁。一定要确定每一商品均已过磁。防止出场时出口或收银通道外的电子商品检测设备发出警报。

（4）装袋。根据商品的不同特性，按照装袋的原则协助顾客将所购物品妥善装袋。

（5）金额总计。当顾客所购商品全部扫描消磁完毕，收银员应确定付款金额总计，并告诉顾客应付款总金额："谢谢，您的商品一共是××元。"

（6）收款确认。唱收顾客钱款，如是现金要进行假币的辨认，同时用自然、清晰的语言对顾客唱收："您的商品共计××元，收您××元。"如顾客用银行卡付款，则执行银行卡收款程序，同时用自然、清晰的语言对顾客唱收："您的商品共计××元，收您××卡一张"并等待顾客刷卡。

（7）找零。唱付顾客的找零："找您××元，请您收好，并拿好小票。"将大钞放下面，小钞放在上面，连同发票一起交给顾客。或刷卡成功后将信用卡还给顾客，同时将收款小票双手递给顾客，提醒顾客拿好商品。

（8）欢送顾客。对顾客表示感谢，"谢谢惠顾！请拿好物品，欢迎再来。"应注意保持亲切友善的笑容。

（三）营业后的结算技能

1. 营业后的收银工作

收银员在当天营业结束后、下班前，除清点、上缴、结算营业总额外，还需要注意整理收银台及周围环境，关闭收银机电源，盖上防尘套，关闭服务台各项电器电源，挂壁主机电源、显示器、打印机等外设电源，最后关闭 UPS 电源。

2. 清点、核对、上缴钱款

收银员要交清当天的全部现金，结算营业总额，不得截留除备用金以外的款项。同时应填写一式两联的缴款单，现金由值班组长复点，无误后双方在缴款单上签名认可，一联同现金一起锁入保险箱，另一联由收银员保管。

二、商品检查与装袋

（一）商品检查

收银员在收银过程中，应注意购物车底部和包装封口，在扫描商品时，检查盒内商品与盒上的品牌是否相同，有无隐藏商品，有无偷换条形码，确认一致时才能收款。必要时需要打开商品包装进行检查（见图 10-1），但需要注意态度友善。如顾客购买中、大件商品的时候，像锅、空调被等，超市收银员有必要打开包装进行检查，一是为了保证顾客购买到的商品没有缺损，二是为了保证超市利益不受损害，如图 11-1 所示。

图 11-1　检查商品

【案例 2】

开包检查的艺术

收银中打开包装进行检查，顾客会不愉快。2015 年 4 月 28 日，长江商报刊登了一篇相关报道:“我在超市买牙膏,每次付款时,营业员都要将牙膏从盒内取出,检查牙膏是否与包装是一个品牌。”市民谢先生认为超市此举对顾客很不尊重,表示不满。

但是不检查商品,又有可能造成超市利益受损。这时采取合适的工作艺术就能有效地避免这种尴尬。

收银员张霞在检查商品中就处理得很有艺术。有一次,某顾客购买了砂锅,锅盖倒扣在锅上。张霞没有直接提出要检查砂锅的要求,而是热情地替顾客用纸重新包装了锅盖,以防止盖和锅之间磕碰。在这个过程中,她巧妙地察看了锅内有无其他物品。

还有一次,是下雨天,超市为了防止雨伞滴水使地面变滑,为持伞顾客提供了塑料袋防滴水。但有的顾客可能出于无意,将一些小商品放在了装伞的塑料袋里。收银员在注意到这种情况后,可以以一个小动作——擦去收银台上的水滴来触碰塑料袋,提醒顾客还有未结账的商品,避免了不愉快。

(二)商品装袋

将结算完的商品迅速替顾客装好袋,是每位收银员的一项基本功。这项工作若做得不好,会使顾客很不愉快。

1. 装袋的原则

(1)正确选择购物袋。购物袋有尺寸大小之分,收银员在为商品装袋时,应根据顾客的购买量和类别,来建议顾客选择合适的购物袋。

(2)商品分类装袋。对商品正确分类是非常重要的,不仅能提高服务水平、增加顾客满意度,还能体现尊重顾客、尊重健康的理念。

2. 一般的分类原则

(1)生鲜类食品(含冷冻食品)不与干货食品、百货食品混合装袋。

(2)生鲜食品中的熟食、面包等即食商品不与其他生鲜食品混装,生熟分开。

(3)生鲜生食中,海鲜类不与其他生鲜食品混装,以免串味。

(4)化学用剂类(如洗发水、香皂、洗衣粉、杀虫剂等)不与食物、百货类混装。

(5)服装等贴身纺织品,不与食品类商品混装,避免污染。

(6)其他比较专业的、特殊的商品如机油、油漆等一般不混装。

3. 装袋技巧

除了选择合适的购物袋,遵循一定的分类原则外,还应掌握正确的装袋技巧。

(1)硬、大、重、底部平稳的商品先放置袋底。

(2)正方形或长方形的商品装入包装袋的两侧,作为支架。

(3)瓶装或罐装的商品放在中间,以免受外来压力而破损。

(4)易碎、较轻、较小的商品放置在袋中的上方。

(5)冷冻品、豆制品等容易出水的商品和肉、菜等易流出汁液的商品,应先用其他购物袋装好后再放入大的购物袋中。

(6)装入袋中的商品不能高过袋口,以避免顾客提拿时不方便,一个袋装不下的商品应装入另一个袋中。

（7）超市在促销活动中所发的广告页或赠品要确认已放入包装袋中。

（8）装袋时要绝对避免把不同顾客的商品放入同一个袋中的现象。

（9）对包装袋装不下的体积过大的商品，要用绳子捆好，以方便顾客提拿。

（10）提醒顾客带走所有包装入袋的商品，防止其将商品遗忘在收银台上的情况发生。

装完袋以后，要用礼貌用语对顾客说："欢迎您再来！"

三、收银中各种事件的处理

【案例3】

诚心诚意，有错认错

2015年11月，某商场顾客服务中心收到这样一个投诉，顾客杨某及亲戚在买完单时无意中发现，他的小票上多录入了2件他并没有购买的商品，与此同时，在他身后买单的亲戚，也发现小票上多录入了3件并没有购买的商品。杨某当时非常气愤，跑到顾客服务中心，大骂："你们这简直是诈骗犯！"并且嚷嚷："如果不对这件事做出合理解释，我要投诉到消协"。并口口声声说"要炒掉这样的员工，要狠狠地处罚她"。闻讯而来的主管马上拿过计算机小票进行核实，发现情况确实如此，而且错误出自同一个收银员。主管立即向顾客道歉，并将这几个人带到自己的办公室内，安慰他们。待他们冷静后，主管再次对收银员的失误进行诚恳的道歉和检讨，并答应就此事要对该收银员进行严肃的处理和教育。当时商场正在进行有奖促销活动，主管就多给了几张抽奖券给顾客，并说"这次差错是我们工作中的一次失误，我们一定会引以为戒，提高我们员工的工作质量，希望您能继续支持和相信我们商场。"在主管的耐心解释下，杨某等人才慢慢消了气，并主动说："算了，也不要炒掉她了，现在找一份工作也不容易，但要好好教育她，不能再出现这样的失误，否则对你们商场的声誉影响太坏了。"

【案例分析】

这位主管对投诉处理经验很丰富，她首先核对小票，确认事实，然后引导顾客离开现场，以免造成围观引发更坏的影响。她先让顾客冷静下来，然后就工作人员的失误对顾客道歉并答应作出处理，有效地维护了公司的形象，并巧妙地利用促销活动赠送给顾客奖券，给顾客心理上的平衡，取得了顾客的谅解，用自己的聪明和真诚留住了顾客。

从顾客的角度来说，快速和准确是体现收银员服务质量的核心，但是除此之外，还有很多工作上的问题是要靠收银员富有艺术性的方法来解决的。收银中往往会出现意想不到的特殊情况，这时收银员能随机应变就显得尤为重要。下面是一些突发情况的应对方式。

（1）顾客在结款时，现金不够怎么办？

微笑着对顾客说："没关系，我们可以帮您删除不急需的商品。"并请当班主管协助删除一些商品。

（2）顾客多要塑料袋怎么办？

可以非常和气地向顾客解释说："我们是根据您购物的商品品种与数量来提供购物袋，出于环保要求和降低成本，我不能向您提供更多的购物袋。"

（3）商品价签与计算机小票的价格不符怎么办？

向顾客道歉，并由收银领班带领顾客进场核实价格后按最低价格结算。

（4）顾客看错价格在结款时吵闹怎么办？

耐心劝导请其少安毋躁，并立即请当班主管核查价格并告知顾客。

（5）遇到要退换商品超出"三包"期怎么办？

认真核实原因，我们应该先了解商品是否存在质量问题。如果质量有问题，我们就应该退换！质量没问题，我们应该知道顾客是什么时候买的。时间太长了，我们就做好解释工作。时间不长的话，一般情况下，我们都应该退换！

（6）商品条码扫不出来怎么办？

可以根据条码的数字手工输入，数字也看不清时，应让相关理货员帮助到场内查看条码或更换条码清晰的商品。

（7）顾客要求包装所购买的物品时怎么办？

微笑着告诉顾客："好的，请您先在收银台结账，再麻烦您到服务台（同时为顾客指明方向），有专人为您服务。"

（8）购买的商品过了 7 天退换期后，顾客不去特约维修站而专门到超市应该怎么办？

应该微笑着对顾客说明按照消费者协会的规定，过了 7 天退换期就由消费者自行到特约维修站去维修，并尽量说服他们自己去维修站并为其提供电话。

（9）结账排队时顾客发火或制造麻烦怎么办？

在接待第一个顾客时，应同时对后面排队等候的顾客说："对不起，请您稍候。"向顾客道歉并及时联络领班，疏散顾客。"

（10）如果发现商品没有条形码怎么办？

营业员必须及时检查货物有无条码，及时通知收银领班（滚轴生）查询条码，微笑着向顾客解释原因，并询问是否可以先结算其他商品。

（11）收银机突然出故障了怎么办？

向排队结账的顾客耐心解释，迅速请有关人员修理，或安排顾客到其他收银口结账。

（12）结款前发现所购商品的附件不全怎么办？

营业员应先向顾客道歉，请顾客稍等，然后检查商品附件是否齐全，并及时通知相应理货员为顾客更换商品。

（13）顾客投诉服务态度不好怎么办？

耐心听取顾客的意见，向顾客道歉，并向上级反映。

四、收银员防损防盗

商场、超市要想在竞争中获取优势，一个不可忽视的管理要点，就是想方设法减少营运过程中的商品损耗。然而严重的盗窃现象使商品非自然损耗直线上升，经营成本居高不下，已成为困扰商场、超市管理的一道难题。要防范的对象不仅是一般的顾客，商场、超市本身的工作人员也不可忽视，特别是一些在职务上存在一定便利条件，可以侵占公司财产或图利于亲友的工作人员，如收银员。因此对商场、超市的防损和防盗应从内外两个方面加强管理。

【案例4】

两个怪异的老外

2016年7月24日晚，天气又闷又热，在21时45分左右，两位穿着长袖衣和大马甲的外国人来到了某商场烟酒柜。因为是老外，营业员与收银员都对其表现出较为好奇的态度。当另一顾客在烟酒柜收银台付一条“555”牌香烟的货款时，这两个老外突然打闹起来，而当班收银员对此现象感到很好奇，站在旁边看热闹。突然老外把手伸进钱箱，抓起一把钱，分为两叠，稍后又放回钱箱，而此时收银员并不觉得有什么异常情况。事后收银员将此事向收银科长反映，并声称未出现异常状况，收银科长也就未多考虑此事。当次日清点收银款时才发现短款3000元。

【案例分析】

当时，老外穿着长袖衣，外加一个大马甲，这种装束在大热天来讲是一个很明显的反常装束。因为中国人普遍认为外国人都是有钱人，都是“好人”，而对其放松了警戒。而收银科长在听到员工的汇报后，不及时处理此事，而是不了了之，从而造成短款。这都是因为商场员工的防损意识不强导致的。因此我们必须时刻保持清醒的头脑，加强防损意识，才能把防损工作做好！

（一）外部防损安全管理

收银员主要与钱打交道，容易成为被骗、被抢对象，因此在工作中要注意运用适当的防损技巧，加强自我防范。但不能因为防损而减少对顾客的热情，应依旧以热情、友好的微笑和问候迎接每位顾客。

收银员防损应从细微入手，这就要求其养成良好的观察习惯，同时商场、超市也应该定期对收银员进行防损培训、案例交流等，增加收银员的防损意识。收银员防损应注意以下几个方面。

1. 收银员规范操作

（1）要注意观察顾客表情和衣着。如表情紧张、穿着不合季节的衣服或不合体的衣服。尤其要注意在店口闲逛者或不敢正视店员者。

（2）收银员当班期间，不得擅自离岗，离岗必须征得当班经理同意。

（3）离开柜台时应锁上收银机并带走钥匙。

（4）眼睛看着顾客时请勿继续点钞，以防出错。

（5）如累积一大笔现金，应迅速转交或收藏好，不要与声称少找钱的顾客争吵，一旦有纠纷，马上将收银机上锁，并寻求其他店员帮助。

（6）对假币和信用卡诈骗要有识别能力，要熟悉店中各商品的价格。

（7）当进行收款录入时，若有顾客不停与你讲话，要保持警惕。

（8）无顾客结账时，要不停扫视出口和通道。若在等下一位顾客结账时，应保持与前一位顾客的联系。

（9）当对一位顾客产生怀疑时，要保持冷静与礼貌，并通知主管或其他负责人。

2. 留意一些特殊人群

若发现小孩手里拿着玩具或在吃商场、超市里的东西（如糖果等），而其父母佯装不知的话，应采取和善的态度提醒一下，以达到收回货款的目的。

3. 留意收银过程中的一些特殊部位

（1）购物车旁边。顾客经常在购物车旁边挂一些衣物或者包包，收银员要注意查看是否是商场、超市的商品。

（2）购物车底部。收银员在收银时往往只注意购物车上面，容易忽视购物车底部。而有些顾客喜欢把米、油、饮料或衣服等放在购物车下面，所以收银员在扫描完最后一件商品的时候要询问一下顾客的商品是否都在这里，婉转地提醒顾客。

（3）顾客手里的书刊杂志。检查顾客手中的杂志书刊，防止藏匿扁平物品，如贺年卡、红包等。

4. 留意不完整或变形的标签

一些不完整、变形的标签有时是个别不良顾客进行了调换以达到以次换好的目的。对于一件商品上有重叠条码的应保持警惕。收银员在扫描完商品条码后，一定要留意商品的规格与价格是否一致。

5. 留意特殊商品

（1）容易调包的商品。调包的商品容易发生在有包装盒的商品上，如牙膏、化妆品、酒等。这些商品很容易被偷梁换柱。同时还要防止体积大、价值小的成件商品被调包，如方便面。防止有些顾客将一些高价值的商品调换到低价商品的包装里。

（2）有容积的商品。有容积的商品内易藏其他的小件商品，如被子、箱子、电饭煲等，为了防范，收银员在收款时就必须打开包装检查。同时，还要在扫描时留意商品规格和价格是否一致。

（3）看似赠品的商品。收银员应该熟知哪些是赠品，哪些是商品，防止把商品当赠品白白送出。

（4）体育用品。收银员应熟知哪些体育用品是按个卖，哪些是按对来卖，否则就会造成损失。

（5）生鲜及干果类食品。收银员扫描商品时一定要核对商品名称、型号、重量、价格。如有疑点，要立即重新核对条码或重新称重，避免给超市造成损失。

6．对于顾客偷盗，商场和超市的一般处罚办法

（1）和解方式。对于盗窃情节轻、金额小或未成年盗窃者，一般给予严厉的教育和警告，并记录在档，一般采取等价买回偷窃商品等方法进行处理。如下是某超市对此类盗窃者的处理方法，仅供参考。

偷窃商品 400 元以上人员，可送公安机关，超市需开具一个商品零售价证明，并盖财务专用章，当事人、赃物、证人、谈话记录齐全。

偷窃商品 400 元以下人员的处理方法：

① 做谈话记录一份；

② 做等价购买；

③ 当事人到原单位开个人表现证明，无单位者到住址所属地区的街道办事处开个人表现证明。

抓获 14 岁以下（含 14 岁）人员，批评教育，写书面检查，通知监护人或学校来人，将其带回。

（2）司法方式。盗窃情节严重、金额大，或多次来本超市的惯偷，或属于团伙盗窃的，或认错态度不好的，送交司法机关处理。

注意：对偷盗者，超市不能采取公开其照片、姓名等个人资料，或进行殴打、当众出丑等违反法律的行为。

（二）内部防损安全管理

内部偷盗的防范是商场、超市管理非常重要的环节，是上至总经理下至每一位员工的重要工作之一，也是我们每位商场、超市工作人员必须遵守的最重要，最基本的行为规范。可以说，诚实的良好品德是从事零售商业最重要，最基本的道德要求。管理者要减低损耗，控制损失，必须在对内盗的防范上进行严格有效的管理。防损部门要密切关注员工的一些异常迹象。

（1）收银员擅自离开工作岗位或未到下班时间中途下班。

（2）收银员执意要求上某台收银机。

（3）收银人员经常有小差额的收银差异。

（4）收银人员为其亲属、朋友结账。

（5）收银人员违反收银程序，如不扫描但进行商品消磁或跳扫描。

（6）收银人员某一单位有过多的作废或删除品项。

（7）收银人员有大金额的收银短款行为。

（8）员工特地在某收银机结账。

（9）收银小票与家电的提货商品品名不符。

（10）收银员表情过于紧张或异样。

（11）收银员背大包上下班。

（12）收银员与某顾客熟悉并亲自为其挑选商品。

（13）员工在工作时间内未从员工通道进出。

（14）员工特意为某顾客到仓库取商品。

（15）夜间作业的员工的场所，发现较多的商品空包装。

（16）员工在仓库对原包装商品进行更换包装。

（17）贵重商品的销售与计算机库存不能一一对应。

对于内盗，商场、超市的处罚一般有以下几种。

（1）内盗的赔偿解聘。所有内盗的人员，无论其盗窃的金额大小，商品多少，理由多么充分，一旦被发现属实，一律立即解聘；公司有权通过合法途径追回被盗的商品或要求赔偿盗窃的金额。

（2）内盗的司法处理。根据其盗窃行为情节的严重和金额的大小，移交司法机关处理。

（3）内盗事件的曝光。所有内盗事件的曝光不得公开盗窃者的私人资料，而曝光只能在本公司范围内进行，不得在公共媒体进行。

（三）内部职工购物管理规范

（1）内部职工上班时间不准购物。

（2）若内部职工上班时购物，需有当班经理的陪同，并做到账、物一一对应。

（3）收银员不得为内部员工提供结账服务，收银员不能包庇、让利他人，损害企业的利益。员工无论何时购物，都必须在公司指定的收银处付款。

（4）所有员工购物时，须收银主管在其当次收银小票上签字后，方可出门。

（5）内部员工调换商品应按商场或超市的换货手续进行，不得私下调换。

练习与实训

一、单项选择题（从四个选项中选择一个正确答案）

1．下列行为属于收银员异常行为的是（　　）。

A．收银员按时上下班

B．收银员不愿为其亲友结账

C．收银员带小包上下班

D．收银员与某位顾客熟悉并亲自为其挑选商品

2．对于内盗，商场、超市一般处理方式是（　　）。

A．和解　　B．行政处分　　C．立即解聘　　D．媒体曝光

3．下列说法不正确的是（　　）。

A．生鲜类食品（含冷冻食品）不得与干货食品、百货食品混合装袋

B．生鲜生食中，海鲜类应单独装袋

C．服装、内衣等贴身纺织品，不得与食品类商品装在一起

D．化学用剂类（如洗发水、香皂、洗衣粉、杀虫剂等）可与百货类商品装在一起

4．收银员外部防损应该注意的方面是（　　）。

A．留意收银中特殊部位　　B．留意老年人群

C．留意完整的标签　　D．留意未成年人

5．收银员在扫描商品时，其扫描方式主要是（　　）。

A．机器扫描　　B．电子扫描　　C．信息扫描　　D．激光扫描

6．营业中的收银工作流程是收银工作阶段中最重要、最核心的流程，本阶段总体要求中最核心的是（　　）。

A．正确　　B．礼貌　　C．迅速　　D．唱收唱付

7．下列有关收银员规范操作说法正确的是（　　）。

A．收银员当班期间，可以离岗去卫生间　　B．离开柜台时应锁上收银机并带走钥匙

C．眼睛看着顾客时可继续点钞　　D．有顾客声称少找钱时，可以与他讲理

8．有关收银员装袋服务不正确的说法是（　　）。

A．硬、大、重、底部平稳的商品先放置袋底

B．易碎、较轻、较小的商品放置在袋中的上方

C．瓶装或罐装的商品放在上面，以免受外来压力而破损

D．正方形或长方形的商品装入包装袋的两侧，作为支架

9．下列对内部职工购物说法正确的是（　　）。

A．内部职工上班期间可以购物

B．所有员工购物时，均须收银主管在其当次收银小票上签字

C．收银员可为内部员工提供结账服务

D．内部员工如要调换商品，私下找人调换即可

10．金额总计时的规范用语是（　　）。

A．“谢谢，您的商品一共是××元。”

B．“您的商品共计××元，收您××元。”

C．“您的商品共计××元，收您××卡一张。”

D．“找您××元，请您收好，并拿好小票。”

二、判断题（正确的打“√”，错误的打“×”）

1．在收银过程中，对中、大件商品只用扫描即可，不用检查。（　　）

2．当一顾客购买了某样商品，在出收银台时没有付款，则我们可认定此顾客为偷窃。（　　）

3．装袋时，生鲜生食里的海鲜类最好不与其他生鲜食品混装，以免串味。（　　）

4．所有内盗的人员，无论其盗窃的金额是多少，商品多小，理由多么充分，一旦被发现确实，一律予以立即解聘。（　　）

5．防损的责任就是降低营运成本，管理和监控可能发生损耗的各个环节。（　　）

6．一般来讲，收银员每日作业流程分为营业前、营业中、营业结束三个阶段。其中，营业前的收银工作流程尤为重要，是三个阶段中最核心的流程。（　　）

7．收银员在为顾客商品装袋时，应根据顾客的要求拿购物袋。（　　）

8．收银员在收银过程中，只扫描商品就可以了，不用打开商品包装检查，以免顾客不满。（　　）

9．收银中往往会出现意想不到的特殊情况，收银员如果能用富有艺术性的方法来解决

问题，会避免很多不必要的麻烦。（　　）

10．收银员不得为内部员工提供结账服务。（　　）

三、简答题

1．简述营业中收银员的工作流程。

2．简述收银员装袋原则和技巧。

3．如何进行外部防损安全管理？顾客偷盗商场、超市物品时应如何处理？

4．内部偷盗防损员要关注什么？如发生内盗应如何处罚？

附录 A　收银员岗位职业标准

一、职业概况

1．职业名称：收银员。

2．职业定义：在商业零售企业从事面向顾客收取现金（含现钞、支票、各种金融支付卡等）的工作人员。

二、上岗要求

适用对象：从事或准备从事本职业的人员。

三、职业道德（应知）

1．职业道德基本知识。

2．职业守则：

（1）遵纪守法。

（2）爱岗敬业。

（3）热情服务。

（4）礼貌待客。

四、基础知识（应知）

1．商业知识：

（1）商品的概念。

（2）商品合格的概念。

（3）商品的编码和识别方法。

（4）商品包装常识。

2．商业零售企业的有关知识：

（1）商业零售企业的分类和特点。

（2）主要零售企业类型的布局。

（3）主要商业零售企业类型通常的管理组织结构。

3．现金的有关知识：

（1）现金的种类和特点。

（2）人民币知识。

（3）几种主要外币。
（4）支票的分类和使用常识。
（5）金融支付卡的种类、特点和使用常识。
（6）收银员领用备用金的一般规定。
（7）收银员上缴营业款的一般规定。
4．收银机的有关知识：
（1）收银机的硬件机构和主要附属设备。
（2）商业管理信息系统的构成及收银机工作原理。
（3）收银机的常用功能。
（4）几种常用收银机的特点。
5．礼仪知识：
（1）接待顾客礼仪的一般要求。
（2）接待特殊顾客的一般原则。
（3）处理顾客问询或投诉的一般原则。
6．安全知识：
（1）收银场所使用设备的安全常识。
（2）商品递送过程中的安全常识。
（3）特殊意外情况的安全常识。
7．相关法律法规知识：
（1）消费者权益保护法常识。
（2）产品质量法常识。
（3）劳动法常识。
（4）有关经济犯罪的法律常识。

五、操作技能（应会）

1．收银机操作：
（1）能够按要求打开并登录收银机。
（2）能够按要求暂停和恢复收银机运行。
（3）能够按要求退出并关闭收银机。
（4）能够按要求操作收银机相关功能键。
（5）能够进行收银机一般故障处理。
2．票款结算：
（1）能够使用收银机附属的各种扫描设备扫描商品条码或手工输入商品代码，确定应收现金额（要求收银员具备 120 个字符/分钟的键盘录入速度）。
（2）能够快速准确清点、收取顾客支付的现金（要求具备 200 张/分钟的速度）。
（3）能够快速按要求收取顾客交付的支票。
（4）能够按要求使用金融 POS 终端进行货款结算。
（5）能够在交易结束时及时给顾客打印清单。

（6）能够使用消磁设备对商品进行消磁。

3．现金识别：

（1）能够识别现金真伪。

（2）能够识别支票真伪或是否有效。

（3）能够识别各种金融支付卡真伪及刷卡是否有效。

（4）能够及时妥善地处理和发现问题。

4．开发票：

（1）能够正确保管发票。

（2）能够给顾客开具发票。

5．现金管理：

（1）能够按照程序领取备用金。

（2）能够妥善保管现金和相关票据。

（3）能够根据营业情况合理搭配面额、适时兑换零钱。

（4）能够准确清点并分类整理好现金，按照程序整理好现金。

6．顾客服务：

（1）能够按要求进行商品包装。

（2）能够检查商品包装。

（3）能够发现可能造成损坏商品、伤害顾客、损害本单位利益的不当包装。

（4）能够妥善解决因商品包装不当出现的问题和纠纷。

（5）能够妥善处理顾客的问询和投诉。

附录B 中国人民银行假币收缴、鉴定管理办法

第一章 总 则

第一条 为规范对假币的收缴、鉴定行为，保护货币持有人的合法权益，根据《全国人民代表大会常务委员会关于惩治破坏金融秩序犯罪的决定》和《中华人民共和国人民币管理条例》制定本办法。

第二条 办理货币存取款和外币兑换业务的金融机构收缴假币、中国人民银行及其授权的鉴定机构鉴定货币真伪适用本办法。

第三条 本办法所称货币是指人民币和外币。人民币是指中国人民银行依法发行的货币，包括纸币和硬币；外币是指在我国境内（香港特别行政区、澳门特别行政区及台湾地区除外）可收兑的其他国家或地区的法定货币。

本办法所称假币是指伪造、变造的货币。

伪造的货币是指仿照真币的图案、形状、色彩等，采用各种手段制作的假币。

变造的货币是指在真币的基础上，利用挖补、揭层、涂改、拼凑、移位、重印等多种方法制作，改变真币原形态的假币。

本办法所称办理货币存取款和外币兑换业务的金融机构（以下简称“金融机构”）是指商业银行、城乡信用社、邮政储蓄的业务机构。

本办法所称中国人民银行授权的鉴定机构，是指具有货币真伪鉴定技术与条件，并经中国人民银行授权的商业银行业务机构。

第四条 金融机构收缴的假币，每季末解缴中国人民银行当地分支行，由中国人民银行统一销毁，任何部门不得自行处理。

第五条 中国人民银行及其分支机构依照本办法对假币收缴、鉴定实施监督管理。

第二章 假币的收缴

第六条 金融机构在办理业务时发现假币，由该金融机构两名以上业务人员当面予以收缴。对假人民币纸币，应当面加盖“假币”字样的戳记；对假外币纸币及各种假硬币，应当面以统一格式的专用袋加封，封口处加盖“假币”字样戳记，并在专用袋上标明币种、券别、面额、张（枚）数、冠字号码、收缴人、复核人名章等细项。收缴假币的金融机构（以下简称“收缴单位”）向持有人出具中国人民银行统一印制的《假币收缴凭证》，并告知持有

人如对被收缴的货币真伪有异议，可向中国人民银行当地分支机构或中国人民银行授权的当地鉴定机构申请鉴定。收缴的假币，不得再交予持有人。

第七条 金融机构在收缴假币过程中有下列情形之一的，应当立即报告当地公安机关，提供有关线索：

（一）一次性发现假人民币20张（枚）（含20张、枚）以上、假外币10张（含10张、枚）以上的；

（二）属于利用新的造假手段制造假币的；

（三）有制造贩卖假币线索的；

（四）持有人不配合金融机构收缴行为的。

第八条 办理假币收缴业务的人员，应当取得《反假货币上岗资格证书》。《反假货币上岗资格证书》由中国人民银行印制。中国人民银行各分行、营业管理部、省会（首府）城市中心支行负责对所在省（自治区、直辖市）金融机构有关业务人员进行培训、考试和颁发《反假货币上岗资格证书》。

第九条 金融机构对收缴的假币实物进行单独管理，并建立假币收缴代保管登记簿。

第三章　假币的鉴定

第十条 持有人对被收缴货币的真伪有异议，可以自收缴之日起3个工作日内，持《假币收缴凭证》直接或通过收缴单位向中国人民银行当地分支机构或中国人民银行授权的当地鉴定机构提出书面鉴定申请。

中国人民银行分支机构和中国人民银行授权的鉴定机构应当无偿提供鉴定货币真伪的服务，鉴定后应出具中国人民银行统一印制的《货币真伪鉴定书》，并加盖货币鉴定专用章和鉴定人名章。

中国人民银行授权的鉴定机构，应当在营业场所公示授权证书。

第十一条 中国人民银行分支机构和中国人民银行授权的鉴定机构应当自收到鉴定申请之日起2个工作日内，通知收缴单位报送需要鉴定的货币。

收缴单位应当自收到鉴定单位通知之日起2个工作日内，将需要鉴定的货币送达鉴定单位。

第十二条 中国人民银行分支机构和中国人民银行授权的鉴定机构应当自受理鉴定之日起15个工作日内，出具《货币真伪鉴定书》。因情况复杂不能在规定期限内完成的，可延长至30个工作日，但必须以书面形式向申请人或申请单位说明原因。

第十三条 对盖有“假币”字样戳记的人民币纸币，经鉴定为真币的，由鉴定单位交收缴单位按照面额兑换完整券退还持有人，收回持有人的《假币收缴凭证》，盖有“假币”戳记的人民币按损伤人民币处理；经鉴定为假币的，由鉴定单位予以没收，并向收缴单位和持有人开具《货币真伪鉴定书》和《假币没收收据》。

对收缴的外币纸币和各种硬币，经鉴定为真币的，由鉴定单位交收缴单位退还持有人，并收回《假币收缴凭证》；经鉴定为假币的，由鉴定单位将假币退回收缴单位依法收缴，并向收缴单位和持有人出具《货币真伪鉴定书》。

第十四条 中国人民银行分支机构和中国人民银行授权的鉴定机构鉴定货币真伪时，应当至少有两名鉴定人员同时参与，并做出鉴定结论。

第十五条 中国人民银行各分支机构在复点清分金融机构解缴的回笼款时发现假人民币，应经鉴定后予以没收，向解缴单位开具《假币没收收据》，并要求其补足等额人民币回笼款。

第十六条 持有人对金融机构作出的有关收缴或鉴定假币的具体行政行为有异议，可在收到《假币收缴凭证》或《货币真伪鉴定书》之日起 60 个工作日内向直接监管该金融机构的中国人民银行分支机构申请行政复议，或依法提起行政诉讼。

持有人对中国人民银行分支机构作出的有关鉴定假币的具体行政行为有异议，可在收到《货币真伪鉴定书》之日起 60 个工作日内向其上一级机构申请行政复议，或依法提起行政诉讼。

第四章　罚　则

第十七条 金融机构有下列行为之一，但尚未构成犯罪的，由中国人民银行给予警告、罚款，同时，责成金融机构对相关主管人员和其他直接责任人给予相应纪律处分：

（一）发现假币而不收缴的；

（二）未按照本办法规定程序收缴假币的；

（三）应向人民银行和公安机关报告而不报告的；

（四）截留或私自处理收缴的假币，或使已收缴的假币重新流入市场的。

上述行为涉及假人民币的，对金融机构处以 1000 元以上 5 万元以下罚款；涉及假外币的，对金融机构处以 1000 元以下的罚款。

第十八条 中国人民银行授权的鉴定机构有下列行为之一，但尚未构成犯罪的，由中国人民银行给予警告、罚款，同时责成金融机构对相关主管人员和其他直接责任人给予相应纪律处分：

（一）拒绝受理持有人、金融机构提出的货币真伪鉴定申请的；

（二）未按照本办法规定程序鉴定假币的；

（三）截留或私自处理鉴定、收缴的假币，或使已收缴、没收的假币重新流入市场的。

上述行为涉及假人民币的，对授权的鉴定机构处以 1000 元以上 5 万元以下罚款；涉及假外币的，对授权的鉴定机构处以 1000 元以下的罚款。

第十九条 中国人民银行工作人员有下列行为之一，但尚未构成犯罪的，对直接负责的主管人员和其他直接责任人员，依法给予行政处分：

（一）未按照本办法规定程序鉴定假币的；

（二）拒绝受理持有人、金融机构、授权的鉴定机构提出的货币真伪鉴定或再鉴定申请的；

（三）截留或私自处理鉴定、收缴、没收的假币，或使已收缴、没收的假币重新流入市场的。

第五章　附　则

第二十条 本办法自 2003 年 7 月 1 日起施行。

第二十一条 本办法由中国人民银行负责解释。

附录 C　收银员常用英语词汇与短语

一、收银员常用英语短语

1. Good morning! 早上好！
2. Welcoming! 欢迎！
3. Thank you, please come back , I hope you enjoy your stay. 谢谢您，请再度光临，希望您满意。
4. Please keep you turn. 请大家排好队。
5. Will this be charge or cash? 刷卡还是付现金？
6. Take you fifty-five yuan sir. 收您 55 元，先生。
7. I am a cashier. 我是收银员。
8. Excuse me, do you have any small change? 请问，您有零钱吗？
9. Will you speak more slowly? 请您说慢一点，好吗？
10. Not at all. 别客气。
11. Yes, please do. 好，请说。
12. We don’t give discounts. 我们不打折。
13. Do you agree with me? 您同意吗？
14. What’s your opinion? 您有什么看法？

二、收银员常用英语词汇

英　语	汉　语
Service center	服务中心
Zone cash desk	区域结款处
Promotion	特价
Information	问询处
Appeal or replacement	投诉退换处
Current price	现价
Original price	原价
Credit card	用信用卡
In cash	用现金
Exit	安全出口
Enter	入口

参 考 文 献

[1] 中国就业培训技术指导中心．收银员．北京：中央广播电视大学出版社，2010．
[2] 周建亚，张德秀．收银员．武汉：湖北科学技术出版社，2009．
[3] 王家申．收银员岗位知识与技能．北京：机械工业出版社，2009．
[4] 胡东帆．商品学概论．大连：东北财经大学出版社，2008．
[5] 周志轩．成功零售店．成都：成都时代出版社，2008．
[6] 雷玉华．点钞与计算技术．北京：中国物资出版社，2008．
[7] 王玉玲．点钞与账表算．北京：高等教育出版社，2009．
[8] 蔡宝兰．财经基本技能．北京：电子工业出版社，2015．
[9] 林云刚，朱建君．出纳岗位实务．北京：电子工业出版社，2016．
[10] 罗荷英，周红缨．计算技术与点钞．大连：东北财经大学出版社，2009．
[11] 何冯虚．模拟银行业务实训（第 2 版）．北京：高等教育出版社，2014．
[12] 于家臻．营销基础（第 3 版）．北京：电子工业出版社，2016．
[13] 宋锐．计算器与点钞技能实训（第 2 版）．北京：电子工业出版社，2015．

反侵权盗版声明